Roland Erben und Frank Romeike

Allein auf stürmischer See

Beide Autoren sind als Unternehmensberater tätig und haben in den letzten Jahren viele namhafte Unternehmen bei der Einführung ganzheitlicher Chancen- und Risikomanagementsysteme unterstützt. Von den Autoren sind bereits zahlreiche Publikationen rund um die Themenkomplexe Risikomanagement und Controlling erschienen.

Roland Erben und Frank Romeike

Allein auf stürmischer See

Risikomanagement für Einsteiger

WILEY-VCH

WILEY-VCH Verlag GmbH & Co. KGaA

2. Auflage 2006

Bibliografische Information Der Deutschen Nationalbibliothek
Die Deutsche Nationalbibliothek verzeichnet diese Publikation in der Deutschen Nationalbibliografie; detaillierte bibliografische Daten sind im Internet über <http://dnb.d-nb.de> abrufbar.

Printed in the Federal Republic of Germany

Gedruckt auf säurefreiem Papier.

Satz M-O-P-S Kirsten Pfaff, Hennef
Druck Ebner & Spiegel GmbH, Ulm
Bindung Ebner & Spiegel GmbH, Ulm

ISBN-13: 978-3-527-50264-6
ISBN-10: 3-527-50264-5

Inhalt

Vorwort

Ahoi, liebe Seebären,
Unternehmenskapitäne
und Risikomanager!

Es freut uns sehr, dass Sie dieses Buch in der Hand halten. Zeigt es doch ein Interesse für das überaus spannende, zeitlose und komplexe Thema *Risiko*.

Ganz egal, ob Sie gerade auf den Weiten der Weltmeere unterwegs sind, faul in der Hängematte liegen, vor Ihrer Kristallkugel sitzen, im Spielkasino Ihren letzten Dukaten verlieren, auf das »Unternehmen Zukunft« warten oder was auch immer: Wir laden Sie herzlich ein, gemeinsam mit uns einige Abenteuer auf stürmischer See zu erleben und gleichzeitig noch etwas über Risikomanagement zu lernen.

Seit jeher sind Menschen auf Schiffen den Naturgewalten und der Unberechenbarkeit des Meeres ausgesetzt – ein Spielball des Windes und der Wellen. Auf der einen Seite beinhalten die meteorologischen Elemente zahlreiche Risiken (Mastbruch etc.), auf der anderen Seite dienen sie aber auch als wichtigster Antrieb (Segel). Ohne Wind würden wir nicht vorwärts kommen, zu starker Wind würde uns aber schnell aus der Bahn werfen. Gerade in der Seefahrt liegen Risiko und Chance also häufig sehr nahe beieinander, quasi sind es die beiden Seiten derselben Medaille. Wie so oft im Leben, dreht sich alles um die richtige Balance.

So drängt es sich förmlich auf, die Metapher der Seefahrt als Grundlage unseres Buches über Risikomanagement zu wählen, schließlich sind die Historien beider Gebiete schon seit Urzeiten auf das Engste miteinander verknüpft: Zur Überwindung der Sintflut musste sich Noah bereits an die technischen Bauvorschriften von Gott halten und Risiken präventiv reduzieren. Die empirisch-intuitive Kunst des Archebauers und die Gnade Gottes entschieden über die Rettung der Menschheit und Tierwelt.

Wie auf den Ozeanen geraten auch in der komplexen Unternehmenswelt von heute immer mehr »Schiffe« in Seenot. Das Fahrwasser der Unternehmen ist unruhiger geworden. Komplexe Prozesse, intransparente Unternehmensstrukturen, kriminelle Mitarbeiter und Vorstände, globalisierte und gesättigte Märkte und ein massiver Kostendruck sind Klippen in stürmischer See, von denen die Existenz der Unternehmen bedroht wird.

Aber wie kann ich als Unternehmenskapitän diese Risiken erkennen, steuern und vielleicht auch vermeiden oder reduzieren?

Innerhalb weniger Jahre ist eine kaum noch zu überblickende Vielfalt an Büchern zum Themenkomplex Risikomanagement erschienen. Bei fast allen Publikationen handelt es sich um sehr spezielle, teilweise sehr mathematische Abhandlungen oder aber sehr oberflächliche Einführungen in das Thema.

Mit *Allein auf stürmischer See* haben wir eine andere Reiseroute gewählt. Wir haben zwei Seebären, *Henry Salt* und *Charly Sugar,* auf ihren abenteuerlichen Fahrten über die sieben Weltmeere (immerhin sind 71 Prozent der Erdoberfläche von Wasser bedeckt) begleitet und dabei viel gelernt.

Die höhere Mathematik haben wir zu Hause gelassen. In unserem Seesack haben wir jedoch viele kleine Anekdoten mitgebracht. Einige sind real und andere sind wohl eher aus Seemannsgarn gesponnen.

Cartoons begleiten uns als zusätzlicher Pfad der Erkenntnis und dienen gleichzeitig als Wegzehrung beim Gang durch die Kapitel. Herrn Alexander Holzach gebührt unser Dank für die Erstellung der Illustrationen und die überaus nette Zusammenarbeit. Des Weiteren danken wir dem Verlagsteam von Wiley-VCH, das uns auf unserem Segeltörn immer wieder tatkräftig unterstützte.

Vor allem aber gilt unser Dank den beiden Protagonisten des vorliegenden Buches, Kapitän Henry Salt und Kapitän Charly

Sugar, die dieses Projekt durch ihre Kooperationsbereitschaft erst möglich gemacht haben.

Wir wünschen allen viel Spaß beim Lesen, immer eine Handbreit Wasser unterm Kiel sowie die erfolgreiche Umsetzung des Gelesenen in die Praxis. Natürlich sind wir dabei auch an Ihren ganz persönlichen Erfahrungen interessiert. Schreiben Sie uns Ihre Meinung an segeln@risknet.de! Lichten wir den Anker und stechen wir in See!

München und
Freiburg im Breisgau
im August 2003

Roland Franz Erben
und *Frank Romeike*

»Risk is the sugar and salt of life.«

Aus England

Prolog

Woran denken Sie spontan, wenn Sie das Wort »Risiko« hören?

a) An ein Brettspiel, bei dem es gilt, die Welt zu erobern;
b) an die Fernsehshow *Der große Preis* (seinerzeit noch mit Wim Thöööööölke);
c) an die Taylor-Approximation zweiter Ordnung, die unter der Normalverteilungsannahme für die Risikofaktoren eine Verteilung hat wie die Summe einer Linearkombination von mehreren, unabhängigen, nicht zentral Chi-quadrat-verteilten und einer unabhängigen normalverteilten Zufallsvariablen;
d) an die vielfältigen Gefahren, die den Fortbestand Ihres Unternehmen bedrohen;
e) an nichts von alledem.

Sollten Sie a), b) oder c) angekreuzt haben, ist es vielleicht besser, wenn Sie dieses Buch wieder ins Regal zurückstellen. Brettspiele gibt es nebenan im Spielwarenladen. Um Ihren Bedarf an Informationen über Fernsehserien der siebziger Jahre oder hochkomplizierte mathematische Methoden zur Risikoanalyse zu stillen, wurden in den letzten Jahren genügend dicke Wälzer veröffentlicht, in denen Sie sämtliche Aspekte dieser Themen bis ins allerletzte Detail nachlesen können. Wenn Sie e) angekreuzt haben, könnte es sich vielleicht lohnen, einen etwas intensiveren Blick in dieses Buch zu werfen. Absolut richtig sind Sie hier aber, wenn Ihr erster Gedanke zum Thema *Risiko* in etwa der Antwort d) entspricht.

Doch ganz egal, wie Sie sich auch entschieden haben: Wir wagen die Prognose, dass der Begriff Risiko bei Ihnen wohl eher negative Assoziationen geweckt hat. Zunächst einmal ist Risiko ja auch etwas Gefährliches. Es bedroht uns. Wir haben Angst davor. Risiko macht einfach keinen Spaß. Und deshalb wollen wir uns auch nicht wirklich mit ihm beschäftigen. Leider müssen wir es aber.

Aber warum eigentlich »leider«? Wie langweilig wäre ein Leben ohne Risiko? Suchen wir nicht bewusst beim »Bungeejumping«, beim Speedboot-Fahren, beim Mountain-Bike-Downhill, beim Fallschirmspringen oder auch im Spielkasino den »Thrill«, das Kribbeln, das uns nur das Risiko bieten kann? Extremsportler suchen dieses Erlebnis auf 8 000 Meter hohen Bergen. Oder sie finden ihre Grenzerfahrungen in der extremen Trockenheit, glühenden Hitze und klirrenden Kälte der Wüste. Menschen wie Sie und ich steigen dagegen ins Auto, schalten das Fernlicht und den linken Blinker an und brettern mit 190 Sachen über die deutschen Autobahnen. Und das, obwohl wir wissen, dass jedes Jahr etwa 8 000 Menschen im Straßenverkehr sterben und mehr als 500 000 verletzt werden. Hier gilt auch für den Normalbürger: No risk, no fun! Risiko als Last und Lust, um aus dem Alltag auszubrechen!

Selbst wenn wir die vielfältigen Gefahren des Alltags nicht explizit in unsere Analysen einbeziehen, dann beschäftigen wir uns – bei jeder Entscheidung – zumindest implizit mit Risiken. Denn: Was wir tun, ist riskant! Was wir nicht tun aber auch!

Vom Kapitän eines Schiffes oder Flugzeuges erwarten wir zu Recht, dass er seine Risiken kennt und alles tut, um sie so weit wie nur irgend möglich zu minimieren – schließlich hängen von seinen Entscheidungen das Leben und die Gesundheit anderer Menschen ab. Dementsprechend existieren für diese Bereiche auch detaillierte gesetzliche Vorschriften, die peinlich genau vorschreiben, wie mit den entsprechenden Risiken umzugehen ist. Aber auch für diejenigen unter uns, die »nur« Kapitän eines Unternehmens sind und damit »nur« wirtschaftlichen Schaden anrichten können, hat der Gesetzgeber eine Fülle von Regelungen geschaffen.

Einer der Autoren war jahrelang Risikomanager eines »Global Players« und hatte sich einmal die Mühe gemacht, alle regulatorischen und gesetzlichen Anforderungen zur Analyse und Steuerung von Risiken zusammenzutragen. Als die Liste mit Verordnungen, Gesetzen, Richtlinien, Selbstverpflichtungen und so weiter die Zahl 100 überschritten hatte, war er sich sicher, eine neue – schnell wachsende – Risikokategorie entdeckt zu haben.

Beispielhaft für die zahlreichen Vorschriften, die in letzter Zeit wirksam geworden sind oder die bald in Kraft treten werden, soll an dieser Stelle nur die folgende kleine Auswahl genannt werden: Gesetz zur Kontrolle und Transparenz im Unternehmensbereich (KonTraG), Transparenz- und Publizitätsgesetz (TransPuG), Deutscher Corporate Governance Kodex, Sarbanes-Oxley-Act, Basel I und II, Solvency I und II und so weiter.

Die Beschäftigung mit Risiken kann und soll allerdings nicht nur auf Druck des Gesetzgebers erfolgen, sie liegt vielmehr auch im ureigensten Interesse jedes einzelnen Unternehmens. Schließlich hat sich die Risikolage in der jüngsten Vergangenheit auf geradezu dramatische Weise verschärft. Die fundamentalen Veränderungen der letzten Jahre (Globalisierung, Deregulierung, Individualisierung, Restrukturierung etc.) hatten für zahlreiche Unternehmen (Enron, Worldcom, Holzmann, Mannheimer Versicherung, Flowtex, Swissair, KirchGruppe etc.) teilweise auch schon extrem unangenehme Folgen (in den oben genannten Fällen also: Stromausfall, Netzausfall, Hauseinsturz, Todesfall, Getriebeschaden, Bruchlandung, Filmriss etc.).

Aufgrund der oben beschriebenen Entwicklungen schossen in den letzten Jahren die Risikomanagementabteilungen vieler Unternehmen schneller aus dem Boden als die berühmten Pilze. Genau so, wie sich diese Pilze im Dickicht des Waldes verstecken, sind sinnvolle Erkenntnisse zum Thema *Risikomanagement* in Unternehmen jedoch alles andere als leicht zu finden und zu nutzen. Und außerdem: Wer sucht schon gern nach Dingen, die er eigentlich gar nicht haben will? Nur der böse Risikomanager! Der sucht – zumindest manchmal – Risiken, die keiner kennen und jeder loswerden will.

In der Folge entwickelten sich die Risikomanagementabteilungen in vielen Unternehmen zu dem, was die Systemtheoretiker (also die Leute, die strukturelle bzw. funktionale Eigenschaften natürlicher, sozialer und technischer Systeme untersuchen) sehr treffend als »Black Box« bezeichnen: Einerseits weiß das Management nicht so recht, was dort vorgeht (und will es eigentlich auch gar nicht wissen – schließlich könnten von dort ja unangenehme und beunruhigende Nachrichten kommen). Andererseits gelingt es den hoch spezialisierten Risk Managern nur selten, die allseits heiß begehrte »Management Attention« für ihre Themen zu gewinnen. Ob das vielfach zu beobachtende Kommunikationsdefizit nun eher aus der emotionalen Abwehrhaltung des Managements (und seiner Unwilligkeit, sich gründlich genug in die teilweise hochkomplexe Materie einzuarbeiten) resultiert oder ob es die Risikomanager einfach nicht verstehen, ihre Belange in geeigneter Weise (und das soll heißen: OHNE Zuhilfenahme vierseitiger mathematischer Formeln) zu platzieren, wollen wir an dieser Stelle einfach mal dahingestellt lassen.

Das Ergebnis ist ohnehin dasselbe: Obwohl beide Gruppen auf Gedeih und Verderb aufeinander angewiesen sind, reden sie entweder gar nicht miteinander oder aneinander vorbei. Da oft keine gemeinsame Sprache und keine gemeinsame Kommunikationsebene existiert, bleiben viele Potenziale zur Senkung der Risiken und damit zur Steigerung des Unternehmenswertes ungenutzt.

Das (zugegebenermaßen recht hoch gesteckte) Ziel, das mit dem vorliegenden Buch verfolgt wird, besteht daher schlicht und einfach darin, eine kleine Brücke über die »Kommunikationsschlucht« zwischen Management und Risikomanagement zu bauen. Wenn am Ende die Erkenntnis steht, dass Risiko nicht nur eine salzige, sondern auch eine süße Seite hat und dass es sich deshalb durchaus lohnen könnte, das Gespräch mit dem Risikomanager nicht nur auf Themen wie *Wetter* und *Fußball* zu beschränken ... tja, dann wären wir schon ziemlich zufrieden!

Die Tatsache, dass dieses Buch erst jetzt erscheint, hat im Übrigen rein gar nichts mit der Schreibfaulheit der Autoren zu tun. Die größte Schwierigkeit bei diesem Projekt bestand vielmehr darin, geeignete Protagonisten zu finden, die wir begleiten wollten, um ihre ganz persönlichen Erfahrungen mit dem Thema *Risiko* für die Nachwelt festhalten zu können. Rückblickend geben wir gern zu, dass wir diesen Punkt zu Beginn des Projektes extrem unterschätzt hatten.

Waren nicht die Zeitungen der letzten beiden Jahre voll mit Geschichten und Personen, die in diesem Bereich haarsträubende Fehler gemacht hatten, aus denen andere so einiges lernen könnten? In unserer kindlichen Naivität dachten wir also, dass es eigentlich gar nicht so schwer sein sollte, geeignete Hauptpersonen für ein Buch zum Thema Risikomanagement zu finden. Doch weit gefehlt. Ein Deal nach dem anderen platzte:

Das Engagement von Leo Kirch scheiterte zum Beispiel an dessen horrenden Tantiemenforderungen. Da das vergangene Jahr nicht gerade zu den finanziell erfolgreichsten seiner Karriere gehörte, hatten wir zwar durchaus Verständnis für die aberwitzigen Beträge, die in den Vertragsentwürfen standen, die seine Anwälte an unsere Anwälte übermittelten. Dass allerdings auch noch die Filmrechte an dem vorliegenden Werk exklusiv an *Premiere* gehen sollten, um endlich wieder an alte Quotenrekorde anknüpfen zu können, ging uns aber doch etwas zu weit.

Zwei andere heiße Kandidaten für die Hauptrolle, der ehemalige Vorstandsvorsitzende der Comroad AG, Bodo Schnabel, sowie der Flowtex-Gründer Manfred Schmider, hatten eigentlich schon fest zugesagt, mussten uns dann aber kurzfristig mitteilen, dass sie erst in sieben beziehungsweise elfeinhalb Jahren wieder zu unserer Verfügung stünden (bei guter Führung vielleicht auch schon etwas früher).

Als schließlich auch noch Kenneth Lay (Ex-CEO des amerikanischen Ex-Energieriesen Enron) absagte, da er von seinem alten Kumpel George W. Bush gefragt worden sei, ob er nicht als neuer Ölminister in die US-Regierung eintreten wolle, standen wir schließlich vor einem Scherbenhaufen.

Auf dem Höhepunkt unserer Verzweiflung zogen wir uns in *Gertis Spelunke*, eine kleine, schnuckelige Bar im Hafenviertel der Stadt, zurück, um unseren Kummer zu vertreiben. Dieser Abend sollte sich als grandioser Wendepunkt unseres Buchprojektes herausstellen. In besagter Hafenbar lernten wir nämlich zwei Männer kennen, die sich letztlich als Retter und Erfolgsgaranten des vorliegenden Werkes entpuppten: Charly Sugar und Henry Salt.

Wie sie dort vor ihren Bierhumpen saßen, waren die beiden Kapitäne wie aus dem Bilderbuch. Der eine – Sugar – stets höflich, gebildet, hochintelligent und allen anderen immer einen oder zwei Schritte voraus. Der andere – Salt – raubeinig und mit allen Wassern gewaschen. Aber wer ihm in die Augen blickte, merkte sofort, dass unter der harten Schale ein gutmütiges Herz schlug.

Nach einigen »Frei-Rum-Runden« kamen wir schließlich mit den beiden Seebären ins Gespräch, und sie erzählten uns von ihren Abenteuern und den vielfältigen Risiken, die sie in ihrer langen Karriere schon gemeistert hatten. Von Riffen und Eisbergen, die sich ihnen unvermittelt in den Weg stellten und die es zu umsegeln galt. Von gefährlichen Untiefen, die oft ganz dicht unter der harmlos aussehenden Oberfläche schlummerten. Von Monsterwellen und Poseidons Rache. Von der Schwierigkeit, die richtige Ware auszuwählen, die man auf eine manchmal mehrmonatige Überfahrt mitnehmen sollte – immer in Angst, dass die Kunden am Zielhafen das Zeug, das man teuer eingekauft hatte, gar nicht (mehr) brauchen würden. Von den Problemen mit der Mannschaft, die oftmals

schlecht ausgebildet und unmotiviert war. Von Piraten und Seeräubern, die plötzlich aus dem Nichts auftauchten und einem alles, wofür man jahrelang geackert hatte, mir nichts dir nichts, unter dem Allerwertesten wegschnappten. Und von ihren Bemühungen, all diese Gefahren immer wieder aufs Neue zu meistern.

Als die beiden uns schließlich fragten, was wir denn so den ganzen Tag trieben, erzählten wir ihnen natürlich von unserem geplanten Buch zum Thema Risikomanagement. Daraufhin sprach Sugar den Satz, der für unser Projekt die Wende zum Guten bedeuten sollte: »Na, dann sitzen hier ja gleich vier Experten am Tisch!«

Fragend sahen wir ihn an.

»Ist doch ganz einfach«, meinte Salt daraufhin schmunzelnd: »Zeig mir einen, der mehr Ahnung von Risiken hat als ICH und ich zeige Dir eine Meerjungfrau, die noch Jungfrau ist.«

Und Sugar ergänzte: »Wenn der Kapitän eines Schiffes kein guter Risikomanager ist, wer denn dann? Wir müssen exzellente Frühwarnsysteme haben, um mögliche Risiken rechtzeitig zu erkennen. Wir müssen unsere Fähigkeiten genau einschätzen können, um härter am Wind zu segeln als unsere Konkurrenz. Und die Weltmeere sind stürmischer geworden. Wir müssen tagtäglich entscheiden, ob wir uns auf die raue See hinauswagen oder lieber im sicheren Hafen bleiben und so weiter, und so weiter.«

Wir blickten uns freudestrahlend an. Ja, genau das war es! Sollten wir vielleicht lieber ein Buch über die Seefahrt schreiben anstatt über Risikomanagement? Oder noch besser: Sollten wir vielleicht lieber ein Buch über die Seefahrt UND über Risikomanagement schreiben? Spontan entschieden wir uns für Letzteres.

Bei Sugar und Salt stieß unsere Idee ebenfalls auf helle Begeisterung. Sofort vertieften sich die beiden in heftige Diskussionen über den Sinn und Unsinn eines integrierten Risikomanagementsystems. Sugar wies darauf hin, dass »die praktische Umsetzung des Risikomanagements keinesfalls auf die bloße Einhaltung der gesetzlichen Vorschriften der BaSa [Bundesanstalt für Seebärenaufsicht, Anmerkung d. Verf.] in Form einer Risikobuchhaltung reduziert werden darf. Wer heute auf den stürmischen Weltmeeren überleben will, muss sein Risiko- und Chancenprofil optimieren. Das Fahrwasser ist einfach unruhiger geworden. Und insbesondere ein Frühwarnsystem ...«

»Alles papperlapapp ... völliger Unsinn«, fiel ihm Salt ins Wort, »alles, was wir tun, ist doch voller Risiken. Allein dieses Teufelszeug, das wir uns in den Rachen kippen ... PROST! ... Sag doch mal ehrlich, alter Kumpel: Was wären wir Seebären denn ohne Abenteuer und Risiko? Und alles andere steuert doch sowieso Poseidon ...«

»Du lebst ja noch im vorsintflutlichen Griechenland.«, entgegnete Sugar. »Hättest wahrscheinlich auch ein Jahresabo beim Orakel von Delphi und würdest diesem Gequatsche glauben, nicht wahr? Hey, Salt, Risiko liegt weder in der Hand des Meeresgottes noch ist es das Spiegelbild der Vergangenheit. Unser Risiko müssen wir selbst aktiv steuern und analysieren. Nur so kannst Du die nächste Klippe rechtzeitig erkennen und umschiffen. Auf meinem Schiff habe ich schon vor einigen Jahren ein Frühwarnsystem installiert, bestehend aus Echolot, Logge, einem mobilen GPS-

Empfänger und verschiedenen anderen Geräten. Außerdem habe ich eine in puncto Risiko- und Krisenmanagement topausgebildete Mannschaft. Hatten heute erst wieder 'ne Übung ...«

»Zum Neptunus [altitalienischer Gott des fließenden Wassers, Anmerkung d.Verf.], was schwätzt du denn da schon wieder?«, warf Salt ein. »Meine Leute sollen nicht üben, die sollen arbeiten. Dafür werden sie angeheuert und bezahlt. Und alle Risiken habe sowieso ICH im Griff. Fahre doch schon seit über vierzig Jahren hinaus auf die stürmische See ... und bisher ist nix passiert. Kannst gerne mal einen Blick in mein Logbuch werfen ...«

Aus einer dunklen und vom Kaminfeuer besonders verrauchten Ecke ertönte plötzlich eine bebende und verrauchte Stimme: »... Ddddaaass is ddddoch totaler Qqqquatsch! Risiko ist gleich Zuuuverlässischkeit minus eins ... uuuund die Markow-Ketten beweisen ...« Offensichtlich existierten also noch viele weitere Meinungen zu dem Thema. Gerade als wir auch diese abstrakt-mathematisch-wissenschaftliche Sicht auf das Thema Risikomanagement in unsere Diskussion miteinbeziehen wollten, gab es jedoch einen lauten Knall und der brummende Seebär lag samt seiner Rumflasche und Markow-Kette flach auf den Holzplanken von Gertis Spelunke. ›Schade eigentlich‹, dachten wir uns und bedauerten aufrichtig, nun nichts mehr über die abgehoben-theoretische Seite des Risikomanagements erfahren zu dürfen, ›dann wird unser Buch wohl leider ohne trockene Theorie und seitenlange Formeln auskommen müssen.‹

Doch zurück zu Sugar und Salt. »Wer von den beiden hat jetzt eigentlich Recht?«, fragten wir uns. Sugar, der auf der Basis modernster Managementerkenntnisse ein holistisches (von griechisch hólos = ganz; die Auffassung, dass alle Daseinsformen der Welt danach streben, ein Ganzes zu sein) Risikomanagementsystem implementiert hatte, oder Salt, der das Ganze für neumodischen Humbug hielt und sich lieber auf seine Intuition und Erfahrung verließ?

Diese Frage stand im rauchgeschwängerten Raum und dort wollten wir sie natürlich keinesfalls stehen lassen. Um eine Antwort zu finden und unser Ergebnis auch gleich empirisch untermauern zu können, fragten wir vorsichtig an, ob es vielleicht möglich sei, Sugar und Salt auf ihrer nächsten Reise zu begleiten und all das aufzuschreiben, was uns aus der Sicht eines Risikomanagers dabei wichtig erschien. Während Sugar sofort zustimmte, hatte Salt natürlich massive Vorbehalte gegen Landratten auf seinem Schiff. Aber als wir versprachen, nur zu kucken, nichts zu sagen, nichts anzufassen und uns stets im Hintergrund zu halten, erklärte schließlich auch er sich bereit, uns mitzunehmen.

Nun gut, liebe Leser, und damit wird's nun also ernst: Wir laden Sie ein, uns zu begleiten. Die Reise beginnt an einem ungemütlichen, nassen Frühsommermorgen in einem kleinen Hafen gar nicht weit von hier ...

»Wer sich nicht in Gefahr begibt, kommt darin um.«

Herbert Achternbusch

Kapitel 1
Wer wagt, gewinnt!

Der stolze Leuchtturm an der Hafeneinfahrt verschwimmt in einer dicken Nebelsuppe. Dunkle Wolken hängen tief über der Stadt, schwerer Regen peitscht auf die Dächer. Schon seit sechs Tagen hängt die Sturmfront vor der Küste. Seitdem liegen die Schiffe verlassen im Hafen. Kein Einziger wagt sich mehr auf die stürmische See hinaus.

Auch der Marktplatz der Stadt ist heute fast verwaist. Normalerweise treten sich die Seebären hier gegenseitig auf die Holzbeine. Am großen Stadtbrunnen treffen sich Tag für Tag Kapitäne und Kaufleute, um ihre Geschäfte abzuschließen. »Wer kann eine Ladung Weizen nach Hamburg bringen?«; »Zu welchem Preis?«; »Ich hab 'ne Ladung Tabak, die am Freitag in Genua sein muss!«, schallt es dann über den Platz.

Heute ist außer dem Prasseln des Regens nichts zu hören. Nur zwei einsame Gestalten stehen zusammengekauert am Brunnen und trotzen dem kalten Wind. Es sind unsere Freunde Henry Salt und Charly Sugar.

»Auch ein Grögchen?«, fragt Salt und streckt Sugar den Flachmann hin.

»Nein danke – don't drink and sail!«, erwidert sein Kumpan.

»Scherzbold!«, meint Salt. »So schnell wirst du nicht wieder segeln. Ich frage mich ohnehin, was wir hier sollen – eigentlich bin ich bloß hier, weil der Marktplatz direkt auf meinem Heimweg von Gertis Spelunke liegt. Zurzeit läuft einfach gar nix. Sauwetter! Keiner kann rausfahren. Bis wir wieder auf See kommen, vergehen noch über vier Tage.«

»Woher willst du das nun wieder wissen?«, fragt Sugar.

»Natürlich aus meinem Logbuch«, antwortet ihm Salt. »Ich hab seit Jahren alles ganz genau aufgezeichnet. Sonne, Wind und Regen. Letztes Jahr war es um diese Zeit genauso. Und im vorletzten Jahr auch. Und im Jahr davor ebenfalls. Ich hab's genau durchgerechnet: Mit einem Konfidenzniveau von 98 Prozent dauert der Sturm noch genau vier Tage, acht Stunden und zwölf Minuten.«

Um seinen alten Kumpan nicht merken zu lassen, dass er nicht einmal den leisesten Hauch einer Ahnung hat, was ein »Konfidenzniveau« sein könnte, versucht Sugar, das Thema geschickt zu wechseln. »Äh, ja ... schön und gut. Aber das ist doch alles kalter Grog. Fakten von gestern und vorgestern. Die Welt dreht sich, die Welt ändert sich!«

»Was soll sich schon groß ändern?«, widerspricht ihm Salt. »Das Meer ist das gleiche, das Wetter ist das gleiche, das Schiff ist das gleiche, die Mannschaft ist die gleiche, alles ist das Gleiche.«

»Ja, aber seit letztem Jahr gibt es doch die neue Wetterstation an der Südspitze. Ich war heute Morgen dort«, sagt Sugar und kramt ein Stück Papier aus seiner Kapitänsuniform. »Guck mal, die aktuelle Wetterkarte: Die Sturmfront zieht ab. Vom Südkap aus ist schon blauer Himmel zu sehen. In ein paar Stunden scheint auch hier die Sonne!«

»Ach, hör mir doch auf mit diesem neumodischen Kram – alles Hokuspokus. Darauf kann sich ein echter Seemann doch nicht verlassen. Ich vertraue nur meinem Instinkt. Und den Dingen, die in meinem Logbuch stehen. Das sind harte Fakten, die ich selber gesammelt habe und auf die ich bauen kann.«

In diesem Moment nähert sich eine weitere Gestalt dem Stadtbrunnen: Rudi Reeder, der aufgeregt mit einem Zettel winkt. »Moinmoin!«, sagt er – sichtlich erleichtert, an diesem stürmischen Tag jemanden auf dem Marktplatz anzutreffen. »Schön, euch zu sehen! Hätte ja im Traum nicht daran gedacht, dass sich bei dem Sturm überhaupt einer

hierher verirrt!« Rudi zeigt den beiden seinen Zettel. »Ich hätte noch zwei Ladungen Bananen, die dringendst nach Neuhafen müssen – alles andere ist in den letzten Tagen im Lagerhaus verrottet. Ich zahle gut. Verdammt gut sogar!«

»Das musst du auch, bei dem Sturm!«, meint Salt. »Aber danke! Für kein Geld der Welt fahr ich heute da raus! Ich hab schließlich acht Frauen und zwölf Kinder in sechs Häfen! Aber der Kollege hier hat offenbar Lust auf ein kleines Himmelfahrtskommando!«

Rudi starrt Sugar ungläubig an: »Ehrlich?«, fragt er ihn.

»Klar doch«, meint Sugar. »Wegen so einer Mütze voll Wind bleibt ein alter Seemann doch nicht den ganzen Tag zu Hause. Mein Deck ist frisch gewienert, die Mannschaft steht bereit! Wir können sofort mit dem Einladen beginnen! Ähm ... wie viel?«

»50 000«, sagt Rudi. »70«, ruft Sugar. »60«, erwidert Rudi. »67«, bietet Sugar an. »Na, gut: 65 – mein letztes Wort«, meint Rudi. »Quitt«, ruft Sugar und schlägt ein.

»Mensch, Klasse!«, freut sich Rudi. »Mutig, mutig, mein Freund! Ich hoffe du weißt, was du da tust! Mir ist ja eigentlich egal, ob du absäufst – schließlich bin ich gut versichert. Komm mit ins Büro, dann regeln wir alles Weitere.«

Rudi Reeder und Charly Sugar ziehen sich ihre Sturmkappen fester ins Gesicht und stapfen durch die knietiefen Pfützen vom Marktplatz.

»Mast- und Schotbruch!«, ruft ihnen Salt hinterher. »Armer Irrer«, murmelt er dann in seinen Bart und macht sich auf den Heimweg, um die Wetterdaten von gestern in sein verstaubtes Logbuch einzutragen.

Nur kurze Zeit später flaut der Sturm tatsächlich ab. Gerade als die letzte Kiste Bananen im Frachtraum von Sugars Schiff verstaut wird, blinzelt die Sonne hinter den letzten Wolkenbergen hervor. »Leinen los! Kurs 63 Grad West!«, ruft Sugar seinem Steuermann zu. Majestätisch schwebt das Schiff – den Laderaum voller Bananen – aus dem Hafen.

Am Marktbrunnen bricht derweil blanke Hektik aus. Dutzende von Kapitänen, die sich während der letzten Tage auf ihren Kähnen oder in den zahlreichen Tavernen des Hafenviertels verkrochen hatten, stürmen den Platz. »Gebt mir Ladung! Egal was!«; »Ich fahr euch alles überall hin!«; »Nur geschenkt ist billiger«, bedrängen sie die wenigen Kaufleute, die noch Ware anzubieten haben.

Zumindest für Rudi Reeder hat sich der Tag am Ende doch noch gelohnt: Für lächerliche 30 000 Dukaten schippert Henry Salt seine zweite Bananenladung nach Neuhafen.

Risiko ist ein Konstrukt: Wie wir Risiken wahrnehmen und damit umgehen

Manchem Leser mag diese Geschichte fast vertraut vorkommen – wiederholt sie sich doch in vergleichbarer Form fast tagtäglich in vielen Unternehmen. Die Frage, um die es sich hier wie dort dreht, lautet schlichtweg: Woran kann und soll ich mich orientieren, wenn ich meine Risiken (und Chancen!) erkennen und einschätzen will?

Risikomanagement – proaktiv oder reaktiv?

Ganz allgemein findet man in der Praxis zwei sehr unterschiedliche Philosophien: Die einen – wie unser Freund Henry Salt – schauen in die Vergangenheit und prognostizieren auf dieser Basis künftige Entwicklungen. Die anderen – wie Charly Sugar – richten ihren Blick nach vorn. Sie versuchen, aussagekräftige Frühindikatoren zu finden – einen Aussichtspunkt in exponierter Position oder eine Wetterkarte, mit deren Hilfe die Bewegung von Hoch- und Tiefdrucksystemen abgeschätzt werden kann. Diese Frühindikatoren können ihnen Chancen und Risiken signalisieren, lange bevor sie von der breiten Masse wahrgenommen werden.

Genau wie unsere beiden Kapitäne verhalten sich auch viele Manager: Viele schauen fast ausschließlich in die Bilanzen der letzten Jahre, sprich ins »Logbuch« ihres Unternehmens. Was dort steht, kann bis auf die dritte Kommastelle ausgerechnet werden: Fakten, Fakten, Fakten! Sicherheit statt Wischi-Waschi! Zum Mantra erhoben wird diese Einstellung insbesondere (Achtung! Fieser Seitenhieb!) von Steuerberatern, Wirtschaftsprüfern und Kreditsachbearbeitern. Die Rechnung »Gute Bilanz = hohe Sicherheit« geht allerdings immer seltener auf.

Seien wir mal ehrlich: Was ist in einem Jahresabschluss schon zu finden? Die Bilanzen sowie Gewinn-und-Verlust-Rechnungen eines Unternehmens spiegeln lediglich die Vergangenheit wider (und oft genug findet sich dort eine Vergangenheit, wie sie hätte sein sollen, und nicht, wie sie tatsächlich war). Was sagen Zahlen, die gestern ermittelt wurden und vorgestern aufgrund von Ereignissen von vorvorgestern zustande kamen, denn über die Situation von morgen aus? Die Zukunft ist ungewiss und lässt sich nicht mit einem Blick in den Rückspiegel erkennen.

Kein Bauer käme auf die Idee, aus der Ernte des Vorjahres auf die Ernte des kommenden Jahres zu schließen (und für Seemänner gilt natürlich das Gleiche). Unvorhersehbare Katastrophen – Sturm, Hagel, Überschwemmung, Heuschreckenschwärme oder Pestilenz – verhindern einen scharfen Blick in die Zukunft. Und doch verhalten sich bei der Unternehmensplanung und im Risikomanagement viele Unternehmen wie der Autofahrer, dessen Frontscheibe beschlagen ist und der deshalb mithilfe des Rückspiegels fährt. Oder wie der Kapitän, der mit seinem Segelschiff von Hamburg nach New York schippert und die Route sowie die geplante Reisezeit mithilfe seiner Eintragungen im Logbuch berechnet. Während der Reise zieht er sich in seine Koje zurück und träumt von den hübschen Meerjungfrauen, mit denen er sich von Zeit zu Zeit in Gertis Spelunke vergnügt. Ob dieser Kapitän jemals sein Ziel erreichen wird, ist mehr als ungewiss. Auf Störungen kann er nur situativ reagieren. Auf Unwägbarkeiten, die nicht in seinem Logbuch eingetragen sind – wie beispielsweise einen Eisberg oder ein Piratenschiff –, ist er nicht vorbereitet. Erst vom harten Aufprall des Eisberges oder den säbelschwingenden »Herren der sieben Meere« wird er unsanft wachgerüttelt. Genug der Beispiele! Wir glauben, dass Sie ganz gut wissen, worauf wir hinauswollen.

Zugegebenermaßen ist die »Logbuch-basierte« Steuerung ein relativ einfacher Weg, um Risiko-»Management« zu betreiben. Die wichtigsten Bonitäts- und Bilanzkennziffern können wir schwarz auf weiß in jedem Skript für Erstsemester im Fach Betriebswirtschaftslehre nachlesen. In die Entwicklung eines geeigneten Frühwarnsystems müssen wir dagegen ein Vielfaches mehr an Gehirnschmalz investieren: »Wo genau ist der Aussichtspunkt am Südkap?«, »Was bedeuten die Linien auf der Wetterkarte?« Derartige Fragen musste sich Henry Salt nicht stellen, als er in Gertis Spelunke saß und sein Logbuch vervollständigte.

Aber halt! Damit wollen wir nun auch nicht sagen, dass das ganze Rechnungswesen überflüssiger Humbug ist. Bevor Sie also aufspringen wollen, um Ihre gesamte Finanz- und Statistikabteilung zu feuern, lesen Sie bitte noch den nächsten Absatz:

Natürlich kann es in bestimmten (drei dicke Ausrufezeichen: !!!) Fällen schon mal sinnvoll sein, die Vergangenheit genau zu beobachten, um daraus für die Zukunft zu lernen: Wenn wir jahraus, jahrein dasselbe Bauteil auf derselben Maschine produzieren, wissen wir natürlich irgendwann, wie hoch unsere Fehlerquote in etwa ist – und dann können wir auch (wie Henry Salt) behaupten, mit einem bestimmten »Konfidenzniveau« oder einer gewissen »Sicherheitswahrscheinlichkeit« wird jetzt oder später dieses oder jenes passieren.

Die Anwendung mathematisch-statistischer Methoden ist in solchen Bereichen »mit Sicherheit« sinnvoll und notwendig. Allerdings müssen hierzu eben erst ein paar Voraussetzungen erfüllt sein: gleichmäßige Abläufe, die sich dauernd und immer wieder in identischer Form wiederholen, unveränderte Umweltbedingungen und so weiter, und so fort.

Die allermeisten mathematischen Modelle, auf denen das traditionelle, reaktive Risikomanagement basiert, unterstellen eine bekannte, eindeutige und konstante Beziehung zwischen einer Ursache X und ihrer Wirkung Y: Wenn X vorliegt, dann passiert Y. Jedes Mal. Und es passiert immer ganz genau Y – und nicht etwa y oder **Y**.

Die Realität sieht heute aber ganz anders aus: Abstrakt gesprochen sind Unternehmen offene und hochgradig komplexe sozioökonomische Systeme [Wir versprechen übrigens, dass dies die einzige Stelle des ganzen Buches ist, an der drei Fremdwörter aufeinander folgen!]. Sie bestehen aus einer Vielzahl von sehr heterogenen Elementen (Menschen, Maschinen, Gebäude, Gefühle, etc.), die durch zahlreiche unterschiedliche Beziehungen sowohl miteinander als auch mit anderen Elementen aus der Umwelt

(Kunden, Lieferanten, Eigenkapital- und Kreditgeber ...) verknüpft sind. Außerdem unterliegen diese Elemente und Beziehungen auch ständigen Veränderungen, die – zu allem Überfluss – in vielen Fällen auch noch äußerst sprunghaft stattfinden. Wie sehr selbst große Unternehmensschiffe in den letzten Jahren von diesen Entwicklungen durcheinander geschüttelt wurden, haben Sie vielleicht schon am eigenen Leibe erfahren müssen: Deregulierung, Globalisierung, Käufermärkte, Innovationsdruck, New Economy ... – die ebenso bekannte wie beliebte Schlagwortlitanei, die in keiner Unternehmensberaterpräsentation fehlen darf, ließe sich fast unendlich fortsetzen.

In der komplexen Wirtschaftswelt des 21. Jahrhunderts geraten immer mehr Unternehmen in akute Seenot. Die ehemals als »fliegende Bank« titulierte Swissair hinterließ einen Schuldenberg von fast 11,5 Milliarden Euro. Der Zusammenbruch der Enron Corp. im Spätherbst 2001 riss mit Arthur Andersen auch einen der größten und renommiertesten Wirtschaftsprüfer in den Abgrund. Das mit einem Börsenwert von sechzig Milliarden US-Dollar ehemals siebtgrößte Unternehmen der USA hinterließ Schulden in Höhe von etwa dreizehn Milliarden US-Dollar. Die Reihe ließe sich beliebig fortsetzen: Erinnert sei an KirchMedia, Philipp Holzmann, BCCI (Bank of Credit and Commerce International), LTCM (Long-Term Capital Management), Sumitomo, Flowtex, Barings, Berliner Bankgesellschaft, Worldcom, Met@box, Infomatec, Tyco, SER Systems, IXOS, Comroad und viele andere Unternehmensskelette. In den meisten der oben genannten Fälle wurden Risiken nicht rechtzeitig erkannt oder die Frühwarnindikatoren ignoriert beziehungsweise ausgesessen. Reagiert wurde erst, als die Katastrophe bereits eingetreten war.

Punktum: Weder die Welt im Allgemeinen noch ein Unternehmen im Speziellen funktionieren nach einfachen Regeln. Unternehmen sind komplexe Netzwerke mit einer entsprechend komplexen Ursache-Wirkungs-Logik (sofern man in diesem Zusammenhang überhaupt von Logik sprechen kann) und dementsprechend unberechenbar.

Unter den heutigen Umweltbedingungen lassen sich aus dem Logbuch keine Risiken (und erst recht keine Chancen) mehr ablesen. Chancen und Risiken sind vielmehr Noch-Nicht-Ereignisse, die argwöhnisch und verschlagen in den finsteren Seitengängen einer ungewissen Zukunft lauern. Das Wesen der Welt ist Veränderung und damit auch Ungewissheit. Ohne sie drohen Stagnation und Ruin. Risiko wird zu einem Ausdruck menschlicher Dynamik. Risiko ist Leben und Leben ist Risiko. Was wir tun, ist riskant. Was wir nicht tun aber auch. Der Verzicht auf jegliche Risiken – also das Schiff einfach im Hafen liegen zu lassen – ist sicherlich das größte Risiko (fragen Sie mal Henry Salt).

Wie wichtig dieser Sachverhalt ist, mag man unter anderem auch daran erkennen, dass sogar der Gesetzgeber seit einigen Jahren die Einrichtung eines proaktiven Risikomanagements von den Unternehmen fordert – wobei wir in diesem Zusammenhang nachdrücklich vor dem entsprechenden Umkehrschluss warnen möchten, dass alles, was irgendwo in einem Gesetz steht, auch ein wichtiger Sachverhalt ist.

Das »Gesetz zur Kontrolle und Transparenz im Unternehmensbereich« (KonTraG) verpflichtet seit 1. Mai 1998 Vorstände börsennotierter (und in der Zwischenzeit auch anderer) Unternehmen zur Einrichtung eines geeigneten Risikomanagementsystems. Das KonTraG sieht vor, dass »der Vorstand geeignete Maßnahmen zu treffen, insbesondere ein Überwachungssystem einzurichten [hat], damit den Fortbestand der Gesellschaft gefährdende Entwicklungen früh erkannt werden« (§ 91 Abs. 2 AktG).

Ein angemessenes Risikomanagement ist also auch Bestandteil der Sorgfaltspflichten unserer Wirtschaftskapitäne. Säuft der Kahn ab, muss der Vorstand gemäß § 93 II AktG beweisen, dass er sich objektiv und subjektiv pflichtgemäß verhalten hat. Konkret bedeutet dies, dass er nachweisen muss, geeignete Maßnahmen zur Risikofrüherkennung und Risikoabwehr getroffen zu haben. Also: Hat der Kapitän Radar und Echolot richtig installiert, damit er Eisberge und Piraten rechtzeitig entdecken kann?

In der Theorie klingt diese Forderung sicher ebenso eindeutig wie einleuchtend. In der Praxis ist sie allerdings oft nur sehr schwer zu verwirklichen. Bevor wir Risiken erkennen können, müssen wir uns Gedanken machen, was Risiken eigentlich sind, das heißt, was wir mit unseren Instrumenten denn eigentlich entdecken wollen. Schon daran hapert es oft ganz gewaltig.

Risikowahrnehmung: Es kommt immer darauf an ...

Leonardo da Vinci hat einmal festgestellt, dass all unser Wissen seinen Ursprung in unseren Wahrnehmungen hat. Sicherlich hat er da Recht. Auch unser (vermeintliches) Wissen über Risiken hängt von unserer ganz individuellen und damit höchst unterschiedlichen Risikowahrnehmung ab und ist damit letztlich Vorgang und Ergebnis einer hochkomplizierten Reizverarbeitung. Das Material, aus dem Risiken konstruiert werden, liefern unsere Sinnesorgane. Ein raffiniertes biologisches System wandelt die winzigen elektrischen Impulse, die von unseren Nervenzellen ausgehen, in Bilder um und gaukelt uns damit unsere Realität vor, die letztlich aber nur eine unter unendlich vielen möglichen ist (jeder, der den Film *Matrix* gesehen hat, dürfte sich ganz gut vorstellen können, wie das funktioniert und wie wenig man sich auf diese Ergebnisse verlassen kann).

Die Organe der Sinneswahrnehmung (Geruchs-, Gehör-, Tast-, Geschmackssinn etc.) sowie unser »siebter Sinn« vermitteln grobe Ahnungen, aus denen unser Gehirn ein (mehr oder weniger verschwommenes) Konstrukt zusammenbastelt. Wir nennen dieses Ding dann »Risiko« und haben (zumindest ein ganz klein wenig) Angst vor ihm. Wie wir die Eindrücke unserer Sinne letztlich zusammensetzen und ob wir als Ergebnis des Ganzen dann ein großes oder ein kleines oder gar kein Risiko wahrnehmen, wird natürlich in ganz entscheidendem Maße von Moden, Meinungen, Moralvorstellungen, persönlichen Erfahrungen, der Erziehung und zahllosen anderen Einflussfaktoren geprägt. Nicht »das Bewusstsein bestimmt das Sein« [Hegel], sondern »das Sein bestimmt das Bewusstsein« [Marx] – in Fragen der Dialektik ist der Risikomanager also ganz klar Kommunist!

Was für Kapitän Salt ein Risiko ist, braucht für Kapitän Sugar noch lange keines zu sein und vice versa. Risiko hängt von der Brille ab, durch die wir die Welt betrachten. Verschiedene Experten und Laien tragen verschiedene »Risikobrillen« und sehen Verschiedenes, auch wenn sie das gleiche Objekt betrachten ... vielleicht kennen Sie ja die Geschichte von den sechs Blinden aus Hindustan und dem Elefanten:

Es waren einmal sechs Blinde.
Sie stammten aus Hindustan.
Es waren gescheite und wissensdurstige Menschen.
Sie wollten endlich einmal einen Elefanten kennen lernen
und so ihr Wissen vervollständigen.
Der erste ging zu dem Elefanten.
Er streichelte dessen breite und starke Flanke und rief aus:
»Gott segne mich, ein Elefant ist wie eine Mauer!«
Der zweite betastete einen Stoßzahn und rief aus:
»Rund, glatt und spitz?
Meiner Ansicht nach gleicht dieser Elefant eher einer großen Lanze!«
Der dritte tastete nach dem Tier, bekam den geschwungenen Rüssel
zu fassen und sagte unverzüglich:
»Mir kommt der Elefant eher vor wie eine Schlange!«
Der vierte streckte ungeduldig die Hand aus,
betastete ein Bein des Tieres und war alsbald überzeugt:
»Ein Elefant gleicht einem Baum!«
Der fünfte bekam zufällig das Ohr zu fassen und sprach:
»Selbst der blindeste aller Blinden muss doch merken,
dass dieser wunderbare Elefant wie eine Art Fächer ist!«
Der sechste tastete nach dem Tier, griff nach seinem Schwanz,
der die Luft wedelte, und er kam ihm ganz vertraut vor:
»Ich sehe schon«, sagte er, »der Elefant ist wie ein dicker Strick!«

Daraufhin verwickelten sich die sechs Blinden
in lange und leidenschaftliche Diskussionen.
Jeder versteifte sich auf das, was er vom Elefanten gespürt hatte,
und obwohl jeder einen Teil der Wahrheit erfasst hatte,
blieben sie doch allesamt im Irrtum befangen!

Ähnlich wie die Blinden verhalten sich auch viele Risikomanager: Sie setzen Fragebögen, Checklisten, Value-at-Risk-Modelle (VaR), Stress-Tests, Black-Scholes-Modelle, Bootstrap-Methoden, Cash-Flow-at-Risk-Modelle, Heath-Jarrow-Morton-Modelle (HJM), Peaks-Over-Threshold-Methoden (POT), RAROC- und RORAC-Ansätze sowie zahllose andere hochkomplizierte und versierte Methoden ein, um bestimmten Risiken auf die Spur zu kommen. Integrative Modelle sind dagegen eher ungebräuchlich. Risiko ist irgendwie wie ein Elefant: groß, imposant und einfach zu komplex, als dass man ihn umarmen könnte.

Damit wir uns in dieser Komplexität wenigstens halbwegs zurechtfinden können, tendieren wir dazu, Sinneseindrücke möglichst übersichtlich und einfach zu organisieren. Nur durch diese Ökonomie der Wahrnehmung können wir uns etwa in Gefahrensituationen auf das Wichtigste konzentrieren. Dummerweise wird durch diese Fokussierung unser Blickwinkel bisweilen zu stark eingeschränkt. Wir nehmen Risiken nur aus einer bestimmten Perspektive wahr, anstatt auch einmal über den Tellerrand hinauszuschauen.

In schon etwas länger zurückliegenden Zeiten waren diese Mechanismen, mit denen wir auf Gefahren schnellstmöglich reagieren können, schlicht und einfach überlebensnotwendig. Ein Neandertaler musste die Beine in die Hand nehmen und rennen, was das Zeug hält, wenn er frohgelaunt um die Ecke bog und dort unvermittelt auf einen Säbelzahntiger traf. Hätte er erst eine ganzheitliche Analyse der Problemstellung vorgenommen, die Ursachen der entstandenen Risiken erforscht, mögliche Gegenstrategien erarbeitet, diese bewertet und dann die unter Kosten-Nutzen-

Aspekten optimale Alternative ausgewählt, hätte ihn die Evolution wohl relativ schnell aus dem menschlichen Genpool aussortiert.

Die Erfahrungen unserer Urururururururururururururururururgroßväter bestimmen auch noch heute unser Verhalten: In komplexen Informationsgeflechten filtern wir häufig nur diejenigen Informationen heraus, die analytisch gerade noch fassbar sind und/oder die wir unbedingt benötigen, um den nächsten Schritt zu tun. Eine derartige Brandrodung des Informationsdickichts schafft – oberflächlich betrachtet – vielleicht ein gewisses Maß an Transparenz und ermöglicht damit auch schnelle Entscheidungen. Viele – häufig auch sehr wichtige – Dimensionen des Risikos werden allerdings schlichtweg ignoriert. Risiko wird reduziert auf die Auswahl von Parametern der Gaußschen Normalverteilung oder einer anderen theoretischen Verteilungsfunktion.

Auf den Finanzmärkten führen derartige Reaktionen schnell zu überdimensionalen und irrationalen Ausschlägen. Menschen messen aktuellen und vordergründigen Informationen – auch, beziehungsweise gerade, wenn es sich nur um Kleinigkeiten handelt – immer eine ganz besondere Aufmerksamkeit zu und bewerten sie daher auch höher, als dies durch rationale Erwartungen eigentlich gerechtfertigt wäre. Börsenteilnehmer benehmen sich folglich wie nervöse Frösche und sorgen für ein übertriebenes Auf und Ab auf den Märkten, das unter rein objektiven Gesichtspunkten keinesfalls angemessen ist – so zumindest die *Theorie der nervösen Frösche* von Kahneman und Tversky, denen wir uns weiter unten noch etwas intensiver widmen werden.

Am Verhalten der »Börsenfrösche« und den von ihnen ausgelösten Wirkungen erkennt man im Übrigen auch, dass die höchst selektive Wahrnehmung von Risiken kein individuelles Problem ist. Die Annahme, bei einer größeren Gruppe von Menschen würden sich die – isoliert betrachtet – irrationalen Verhaltensweisen gegenseitig aufheben, sodass im Endeffekt doch wieder ein halbwegs rationales Verhalten entsteht, ist schlichtweg falsch.

Risikowahrnehmung ist nicht nur ein individuelles, sondern ein kollektives Phänomen. Unmittelbar ins Auge springende, sensationelle Risiken werden im Allgemeinen überbewertet, während eher alltägliche Risiken meist unterbewertet werden. Menschen halten vor allem diejenigen Ereignisse für wichtig und wahrscheinlich, die auch in ihrer eigenen Vorstellung und Erfahrungswelt eine große Rolle spielen: Arbeitslose erwarten für das Land höhere Arbeitslosenzahlen als der Durchschnittsbürger. Wenn ein Bekannter von mir in New York überfallen wurde, werde ich diese Stadt – losgelöst von allen Kriminalitätsstatistiken – immer für extrem gefährlich halten. Kenne ich jemanden, der durch einen Blitzschlag ums Leben gekommen ist, so werde ich das Risiko des Blitzschlags besonders hoch bewerten.

Die Auswirkungen dieses Massenirrtums der kollektiven Risikowahrnehmung spiegeln sich auf eindrucksvolle Weise in Reaktionen der »informierten« Öffentlichkeit auf mehr oder weniger alltägliche Gefahren wider:

Tagtäglich sterben weltweit mehr als 3 000 Menschen bei Verkehrsunfällen, weitere hunderttausend werden zu Krüppeln verstümmelt. Gleichzeitig begehen Tausende Selbstmord. In Krankenhäusern sterben Zehntausende Menschen an Infektionen oder missglückten Operationen. In Deutschland starben im Jahr 2002 etwa 1 500 Menschen durch illegale Drogen. Gleichzeitig gab es 73 000 Tote durch Alkoholkonsum und etwa 140 000 Nikotintote. Anders ausgedrückt sterben in Deutschland täglich etwa 380 Raucher an den Folgen ihrer Nikotinsucht, was in etwa gleichbedeutend ist mit dem Absturz eines vollbesetzten Jumbos. Dieses tagtägliche Massensterben wird jedoch völlig anders wahrgenommen als etwa der Absturz einer Boeing 747.

Da die Medienberichterstattung über Risiken in keiner Form mit dem tatsächlichen Risikoausmaß korreliert, ist die Risikowahrnehmung in der Bevölkerung allgemein verzerrt. Über den Absturz eines Flugzeugs mit einigen Hundert Toten wird zur besten Sendezeit berichtet. Gab es ein schweres Bus- oder Zugunglück, schaffen es auch vergleichsweise kleinere Unglücksfälle auf die Titelseite, die ansonsten allenfalls einen Dreizeiler im Lokalteil wert gewesen wären. In der Öffentlichkeit entsteht somit das Bild, es gäbe eine geheimnisvolle Häufung ähnlicher Unglücke. Stürzt ein Flugzeug ab oder verunglückt ein Zug oder Bus, steigen viele Menschen vorerst nicht mehr in Flieger/Züge/Busse, obwohl jede Wahrscheinlichkeit eindeutig dagegenspricht, dass sich ein solches Ereignis in kurzer Zeit wiederholt.

Risiken, von denen man glaubt, man könne sie beeinflussen, werden insgesamt tendenziell unterschätzt. Risiken, über die man keinerlei Kontrolle zu haben scheint, dementsprechend überschätzt. Obwohl Autofahren zweifellos um ein Vielfaches gefährlicher ist als Fliegen, redet man sich ein, dass man im Notfall zumindest noch (im Wortsinn) das Steuer selbst in der Hand hat und deshalb gefährliche Situationen auch durch eigenes Geschick meistern kann.

Ähnlich reagiert der Raucher, der sich auf einer Demo gegen die Aufstellung einer Mobilfunkstation in der Nachbarschaft seine Zigarette ansteckt. Wahrscheinlich fügt er sich mit jedem einzelnen Zug größeren Schaden zu, als wenn er sein ganzes Leben auf einem Mobilfunkmast verbringen würde. Die unterschiedliche Risikowahrnehmung resultiert auch hier aus den unterschiedlichen Kontrollmöglichkeiten. Das (medizinisch absolut zweifelsfrei erwiesene) Risiko des Lungenkrebses gehe ich freiwillig ein, und wenn ich will, kann ich ja auch jederzeit mit dem Rauchen aufhören (Hahahahaha!). Das (abstrakte und bis dato nicht quantifizierbare) Risiko des Hirntumors wird mir dagegen von außen aufgedrängt und ich bin ihm scheinbar hilflos ausgeliefert.

Die verzerrte Risikowahrnehmung in Bezug auf nicht beeinflussbare Risiken zeigt sich insbesondere auch in der Skepsis gegenüber neuen technischen Entwicklungen. So galt noch 1904 das Telefonkabel als großes Risiko für die Menschheit. Es wurde vor der Benutzung des Telefons gewarnt, da Telefonieren das Gehör beschädige. 1912 wurde ein neues Risiko wahrgenommen: Das Mundstück des Telefons stand in Verdacht, Tuberkulose und andere ansteckende Krankheiten zu verbreiten. Gleichzeitig war man sich sicher, dass Telefonieren zum Wahnsinn führt (eine Tatsache, die 88 Jahre später tatsächlich bewiesen werden konnte, als sechs deutsche Mobilfunkunternehmen für die aberwitzige Summe von insgesamt 98 807 200 000 D-Mark ihre UMTS-Lizenzen ersteigerten).

Objektiv betrachtet, leben wir heute – zumindest in Westeuropa – in der wohl risikolosesten Epoche, die es je gab: Im Gegensatz zu unseren Urvätern muss keiner mehr Angst haben, dass er nach Verlassen seines Hauses (respektive seiner Höhle) von blutrünstigen wilden Tieren gefressen wird. Auch marodierende Räuberbanden, die vergewaltigend und brandschatzend durch die Lande ziehen, sind heutzutage nicht mehr überall an der Tagesordnung. Der letzte Weltkrieg endete vor knapp 60 Jahren. Die schrecklichen Krankheiten, die in den vergangenen Jahrhunderten noch ganze Landstriche entvölkerten (wie z. B. Pest, Cholera und Typhus), sind besiegt oder lassen sich zumindest durch entsprechende Impfungen verhindern. Folgerichtig waren die Lebenserwartung noch nie so hoch und die Kindersterblichkeit noch nie so niedrig wie heute. All die Fortschritte haben jedoch mitnichten dazu geführt, dass wir uns am Beginn des dritten Jahrtausends auch sicherer fühlen als früher: Im Gegenteil! Immer mehr Menschen leiden unter Psychosen und können nachts nicht schlafen, weil sie Angst vor dem nächsten Morgen haben.

Doch wo für die einen das Risiko eine Bedrohung ist, die ein Gefühl von Machtlosigkeit erzeugt, ist es für die anderen eine Herausforderung der eigenen Kräfte. Menschen gehen bewusst bestimmte Risiken ein, um sich über die Natur oder ihre Konkurrenten hinwegzusetzen. Die durch das eigene Verhalten geschaffenen Gefahrenlagen kann man allgemein mit »No risk – no fun!« zusammenfassen. Wieder andere fokussieren sich auf die Stochastik und sehen im Risiko ein Glücksspiel. Andere betrachten Risiko als »die Launen der Natur« oder auch die »Strafe Gottes für kollektiv sündiges Verhalten« und sehen Risiko somit eher als einen Schicksalsschlag, dem sie hilflos ausgeliefert sind.

Das Phänomen ganz unterschiedlicher Risikowahrnehmungen und -interpretationen lässt sich auch sehr schön an der fast schon unverschämten Vielfalt der Definitionen demonstrieren, die für den Begriff »Risiko« existieren. Kapitäne, Unternehmenslenker, Ökonomen, Juristen oder Versicherungskaufleute definieren Risiko anders als Psychologen, Mediziner, Philosophen oder Ingenieure. Jede Definition ist irgendwie richtig, aber jede ist auch irgendwie verfälscht, das heißt, sie gilt nur in einem bestimmten Kontext beziehungsweise unter bestimmten Voraussetzungen. Kleine Auswahl gefällig?

- **Risiko** [it] *das;* -s –s u. ...ken (österr. auch Risken): Wagnis; Gefahr, Verlustmöglichkeit bei einer unsicheren Unternehmung – *DUDEN, Das Fremdwörterbuch*
- **Risiko** [italien.] *das,* **1)** *allg.:* Wagnis, Gefahr. **2)** *Wirtschaft:* Bez. für Verlustgefahren, Unsicherheits- und Zufälligkeitsfaktoren, die mit jeder wirtsch. Tätigkeit verbunden sind. Unterschieden werden natürl. Risiken (z. B. Sturmschäden), techn. Risiken (z. B. Produktmängel), soziale Risiken (z. B. Fluktuation), polit. Risiken (z. B. Verstaatlichung) und bes. Marktrisiken (z. B. Konjunktureinbruch, Branchenkrise) – *Der Brockhaus in fünfzehn Bänden, Bd. 11*
- **risk**/risk/*n* **1** [C,U] (instance of) possibility or chance of meeting danger, suffering loss, injury, etc. – *Oxford Advanced Learner's Dictionary of Current English*
- **Risiko** ist die Abweichung eines Ergebnisses von seinem erwarteten Wert. Für die Einstufung eines bestimmten Ereignisses als »Risiko« kommt es also nicht darauf an, dass es ein »negatives«, »unerfreuliches« Ereignis ist, sondern dass es nicht »erwartet« wurde – gefunden unter: *http://www.money-fruits.at/*
- **Risiko** wird ... als das Informationsdefizit über die finale Bestimmtheit, d. h. die Ungewissheit über das Erreichen der gesteckten (geplanten) Ziele definiert – *E. Helten*
- **Risiko** = 1 – Zuverlässigkeit – *P. M. Pastors*
- **Risiko** ist nichts weiter als der Gegensatz zwischen Realität und Möglichkeit – *J. Markowitz*

- **Risiko** ist die vornehmste Quelle der Inspiration – *Hans Magnus Enzensberger*
- **Risk** is defined as the product: Risk = (Value) x (Vulnerability) x (Hazard) – *UNESCO 1972*
- **Risiko** ist die bedingte Wahrscheinlichkeit, dass eine zu einem bestimmten Zeitpunkt von einer bestimmten Krankheit nicht befallene Person danach innerhalb einer definierten Zeitspanne an ihr erkrankt – *Dr. J. Weitkamp,* gefunden unter *http://www. zm-online.de*
- **Risiko** ist die Wahrscheinlichkeit der Ereignisse, die die Hoffnung, aber auch die Angst der Menschen vor dem Morgen bestimmen – *Pierre Simon LaPlace*
- ...

Ethymologisch lässt sich der Begriff *Risiko* übrigens auf *ris(i)co* (italienisch) zurückverfolgen: *die Klippe, die es zu umschiffen gilt.* Der Begriff entwickelte sich im 14. Jahrhundert in den norditalienischen Stadtstaaten – vielleicht in unserem kleinen Dorf mit dem stolzen Leuchtturm?

Der Blick der Wissenschaft

Das Interpretationsproblem rund um das Thema *Risiko* ist mittlerweile auch schon zu höchsten wissenschaftlichen Ehren gekommen. Vielleicht erinnern Sie sich ja noch! Im Dezember 2002 hat die Königlich Schwedische Akademie der Wissenschaften den Nobelpreis für Wirtschaftswissenschaften an die beiden Amerikaner Vernon L. Smith und Daniel Kahneman verliehen.

Ohne die Leistungen von Smith in irgendeiner Weise schmälern zu wollen (was bei einem Nobelpreisträger ja ohnehin ein ziemlich aussichtsloses Unterfangen wäre), wollen wir uns an dieser Stelle mit Kahneman beschäftigen – seine Erkenntnisse haben dem Risikomanager nämlich einiges zu bieten. Kahneman erhielt den Nobelpreis »... *für das Einführen von Einsichten der psychologischen*

Forschung in die Wirtschaftswissenschaften, besonders bezüglich Beurteilungen und Entscheidungen bei Unsicherheit«. Obwohl das auf den ersten Blick vielleicht etwas abstrakt klingen mag, gingen von diesen Ergebnissen wegweisende (und teilweise auch sehr unterhaltsame) Impulse für die Risikotheorie im Allgemeinen und den Bereich *Risikoverständnis* im Besonderen aus.

Kahneman konnte durch seine Forschungen unter anderem belegen, dass der real existierende Mensch nicht unbedingt dem Idealbild des *Homo Oeconomicus* entspricht, der bei gegebener und bekannter Präferenzordnung, bei vollkommener Information und vollkommener Voraussicht seine Kauf- und Verkaufs-, Produktions- und Konsumtionsentscheidungen stets rational trifft – und zwar immer mit dem Ziel, dabei seinen individuellen Nutzen zu maximieren!

Im Gegensatz zu diesem Idealbild, das die Basis fast aller wirtschaftswissenschaftlichen Theorien und Erklärungsansätze darstellt, legte Kahneman (zusammen mit seinem Kollegen Amos Tversky, der den Nobelpreis mit Sicherheit ebenfalls erhalten hätte, wenn er nicht im Jahre 1996 verstorben wäre) dar, dass der Mensch im richtigen Leben leidenschaftlich, altruistisch, eifersüchtig, neidisch, träge, zornig, sprunghaft, starrsinnig, vergesslich, euphorisch et cetera ist. Er lässt sich leicht verführen, seine Entscheidungen widersprechen sich und er macht Fehler.

»Na supi!«, mag sich jetzt manch einer denken, »wenn es für diese ›bahnbrechende Erkenntnis‹ den Nobelpreis gibt, dann hätte ich auch schon ein paar verdient!« Aber halt! Die Leistung von Kahneman besteht nicht darin, dass er herausgefunden hat, dass der Mensch nun eben mal Mensch ist, sondern dass dieses Ergebnis die Fundamente der ökonomischen Theorie gründlich über den Haufen wirft. Kahnemans Botschaft lautet stark vereinfacht: »Nobody is perfect! Auf Wiedersehen, Homo Oeconomicus!«

Anders als die schönen Präferenzkurven und marginalen Substitutionsraten, die vielen von uns in der Volkswirtschaftslehre-Vorlesung ans Herz gewachsen sind (oder etwa nicht?), lassen sich Handlungsimpulse wie Gefühl und Irrationalität nur äußerst unkomfortabel in mathematische Formeln pressen und können dementsprechend auch kaum in irgendwelche volkswirtschaftlichen Modelle integriert werden. Rational denkende und handelnde Menschen hätten sicherlich nie New-Economy-Aktien gekauft, insbesondere als deren potenzieller Unternehmenswert nur einen lächerlichen Bruchteil ihrer aktuellen Börsenbewertung ausmachte. Der *Homo Biologicus* trifft seine Entscheidungen aber meistens nicht mithilfe komplizierter mathematischer Berechnungen, sondern verlässt sich allzu oft auf sein Bauchgefühl und Daumenregeln.

Aber wie wirken sich diese Erkenntnisse nun im täglichen Leben aus? Eine der Aussagen von Kahneman und Tversky lautet beispielsweise, dass der Mensch Verluste meidet wie der Teufel das Weihwasser. Die Abneigung gegen einen Verlust ist häufig größer als der spekulative Reiz eines Gewinns.

Warum riskieren wir – doch eigentlich risikoscheu – Kopf und Kragen und unseren Führerschein und jagen mit 190 Stundenkilometern über die Autobahn zur »Termin-Aufholjagd«? Man erkennt: Wir scheuen in Wirklichkeit gar nicht das Risiko, sondern wir scheuen Verluste. Wir sind äußerst risikobereit, wenn wir uns in einer Verlustposition befinden (Termin oder Flugzeug verpassen), und hoffen nun, den potenziellen Verlust durch einen hohen und riskanten Einsatz doch noch abzuwenden. Auf den ersten Blick mag dies wie ein völlig irrationales Vabanquespiel aussehen. In Wirklichkeit ist es der Versuch, die persönliche Katastrophe noch zu verhindern und die Verlustposition zu reduzieren.

Derartige Phänomene spielen übrigens nicht nur auf deutschen Autobahnen, sondern auch auf dem internationalen Kapitalmarkt eine große Rolle. In den letzten Jahren mussten viele Anleger und Kreditgeber schmerzhaft erfahren, wie eindrucksvoll die wissenschaftlichen Thesen von Kahneman und Tversky durch die Realität bestätigt werden können. Musste der Mensch erst einmal Verluste verbuchen, setzt er alles daran, diese durch noch riskanteres Verhalten wieder auszugleichen. Barings, Enron, Kirch, Worldcom ... bei fast allen spektakulären Firmenpleiten der jüngsten Vergangenheit spielte dieses Verhaltensmuster eine wesentliche Rolle: Fehlentwicklungen wurden nicht dadurch korrigiert, dass entsprechende Gegenmaßnahmen eingeleitet wurden – im Gegenteil: In der trügerischen Hoffnung, alles wieder irgendwie geradebiegen zu können, wurde das Rad immer weiter gedreht, bis am Ende schließlich der totale Zusammenbruch eintrat.

Um ihre Thesen bezüglich des irrationalen Entscheiders zu untermauern, führten Kahneman und Tversky eine ganze Reihe unterschiedlicher empirischer Versuche durch. Die beiden Forscher stellten beispielsweise Ärzte vor folgendes Problem:

Nehmen Sie an, die USA bereiteten sich auf den Ausbruch einer neuartigen Asiatischen Krankheit vor. Man erwartet, dass dadurch 600 Personen sterben werden. Zwei alternative Programme zur Bekämpfung der Krankheit sind vorgeschlagen worden. Die wissenschaftlichen Schätzungen der Wirkungen dieser Programme lauten folgendermaßen:

Wenn Programm A gewählt wird, werden 200 Personen gerettet werden.

Wenn Programm B gewählt wird, werden mit einer Wahrscheinlichkeit von einem Drittel 600 Personen gerettet werden, und mit einer Wahrscheinlichkeit von zwei Dritteln wird niemand gerettet werden.

Das Ergebnis der Befragung: 72 Prozent der Probanden entschieden sich für die erste Möglichkeit, 28 Prozent für die zweite.

Einer anderen Gruppe von Personen stellten die Wissenschaftler die gleiche Frage, formulierten die beiden Optionen aber folgendermaßen:

Wenn Programm C gewählt wird, werden 400 Menschen sterben.

Wenn Programm D gewählt wird, wird mit einer Wahrscheinlichkeit von einem Drittel niemand sterben und mit einer Wahrscheinlichkeit von zwei Dritteln werden 600 Personen sterben.

In diesem Fall entschieden sich 22 Prozent der Befragten für Option C und 78 Prozent für Option D.

Wie man leicht nachrechnen kann, sind die Optionen A, B, C und D inhaltlich absolut identisch. Und trotzdem ist beispielsweise Option A, durch die 200 Menschen das Leben gerettet werden können, scheinbar wesentlich attraktiver als das Programm C, durch das 400 Menschen sterben müssten – obwohl das bei einer Gruppe von insgesamt 600 Menschen nun mal auf dasselbe hinausläuft.

Was lernen wir aus diesem Experiment? Wir bewerten Gewinne anders als Verluste. Wer 200 Menschenleben rettet, ist ein Held, wer 400 sterben lässt, ein jämmerlicher Versager.

Wie leicht zu erkennen ist, hat die Perspektive einen großen Einfluss darauf, wie wir ein Risiko beurteilen. So ist der Unterschied – aus Risikosicht – groß, ob wir ein zur Hälfte gefülltes Glas als halb leer (als Verlust) oder als halb voll (als Gewinn) betrachten und darstellen. Oder um es mit Frank Sinatra zu sagen: »Ob man ein Glas für halb voll oder halb leer hält, hängt nicht zuletzt davon ab, ob man es gleich austrinken will oder gerade verschüttet hat.«

Schauen wir uns noch ein weiteres Beispiel von Kahneman und Tversky an:

Ausgewählte Studenten mit einem bestimmten Durchschnittseinkommen wurden aufgefordert, sich für eine der beiden folgenden Lotterien zu entscheiden:

Lotterie 1:
Gewinn 1 000 mit einer Wahrscheinlichkeit von 0,5
Gewinn 0 mit einer Wahrscheinlichkeit von 0,5
Lotterie 2:
Gewinn 450 mit einer Wahrscheinlichkeit von 1

Mehr als achtzig Prozent der Probanden haben sich für den sicheren Gewinn der Lotterie 2 entschieden, um Risiko zu vermeiden. Schon der Volksmund behauptet ja hartnäckig: »Das Dach in der Hand ist besser als die Taube auf dem Spatz« ... oder so ähnlich.

Aber wie sahen die Ergebnisse wohl bei der folgenden Alternative aus?

Lotterie 1:
Gewinn 3 000 mit einer Wahrscheinlichkeit von 0,25
Gewinn 4 000 mit einer Wahrscheinlichkeit von 0,2
Lotterie 2:

Das Spiel ist zweistufig. Der Spieler muss sich zu Beginn für eine Alternative entscheiden, also noch bevor das Resultat der ersten Stufe bekannt ist.

In der ersten Stufe ist die Wahrscheinlichkeit, nichts zu gewinnen, gleich 75 Prozent. Mit einer Wahrscheinlichkeit von 25 Prozent tritt der Spieler in die zweite Stufe ein.

In dieser zweiten Stufe hat der Spieler zwei Möglichkeiten:

Sofortiger Gewinn von 3 000 ohne ein weiteres Spiel oder

Gewinn von 4 000 mit einer Wahrscheinlichkeit von 0,8 (ansonsten geht der Spieler ganz leer aus).

Betrachten wir uns die beiden Spiele etwas genauer, so stellen wir fest, dass sie vollkommen gleichwertig sind: Die erste Alternative hat in beiden Lotterien eine Gewinnerwartung von 750 (3 000 x 0,25). Die Wahrscheinlichkeit eines Gewinns ist bei beiden Lotterien ebenfalls identisch verteilt. Dasselbe gilt auch für die zweite Alternative, wobei der Erwartungswert des Gewinns in diesem Fall 800 (4 000 x 0,2 beziehungsweise 4 000 x 0,25 x 0,8) beträgt.

Die psychologischen Experimente von Kahneman haben ergeben, dass sich in der ersten Lotterie die meisten Versuchspersonen (65 Prozent) für die objektiv günstigere zweite Alternative entscheiden. Im Falle des zweiten Spiels wird diese Alternative nur noch von einer Minderheit (22 Prozent) gewählt.

Ähnlich irrationale Entscheidungen kann man jeden Mittwoch und Samstag beobachten, wenn mehrere Millionen Menschen in die Lotto-Annahmestellen strömen und den Traum von »sechs Richtigen« träumen. Während die Hoffnung auf den glücklichen Zufall groß ist, bleibt die Zahl derer, die dann tatsächlich das große Glück haben, allerdings verschwindend klein. Denn Mathematik und Statistik lehren uns, dass die Wahrscheinlichkeit auf einen »Sechser« nur lächerliche 1 zu 13 983 816 beträgt. Anders ausgedrückt hat man also eine Chance von 0,000007 Prozent auf den großen Geldregen. Aber die paar Euro für den Lottoschein tun einem schließlich nicht weh und vielleicht, ja vielleicht ... Bei der Aussicht auf einen extrem unwahrscheinlichen, aber exorbitant hohen Gewinn wird ein fast sicherer, aber relativ kleiner Verlust dann doch wieder gerne in Kauf genommen.

*»Wer sein Leben so einrichtet,
dass er niemals auf die
Schnauze fallen kann,
der kann nur auf dem Bauch
kriechen.«*

Heinz Riesenhuber

Kapitel 2
Hart Backbord

Endlich ist Sugar wieder in seinem Element. Die sinnlose Warterei im Hafen hat mächtig an seinen Nerven gezerrt. Wie oft hat er sich in dieser Zeit gewünscht, wieder auf der Brücke seines Schiffes zu stehen und sich den frischen Ostwind um die Nase wehen zu lassen. Durch den heutigen Tag wird er für die Zwangspause der vergangenen Wochen mehr als entschädigt. Eine frische Brise bläst ihm ins Gesicht, das Kreischen der Möwen ist immer noch aus der Ferne zu hören und die Sonne hat inzwischen auch die letzten Fetzen der Gewitterwolken vertrieben. Die Pontos [Pontos war der griechische Gott des Meeres, Sohn von Gaia und Bruder von Uranos] *pflügt sich gemütlich und elegant durch das Wellenmeer, während aus der Kombüse der leckere Duft von »Terrine de lapin aux noisettes« aufsteigt. Schiffskoch Smørebrøt ist mal wieder in Aktion.*

»Was für ein Tag!«, denkt sich Sugar. Obwohl es ihm äußerst schwer fällt, seinen Blick vom Horizont zu lösen, den er viel zu lange vermisst hatte, kehrt er auf die Brücke zurück.

»Und? Wie läuft's?«, fragt er seinen Navigationsoffizier, der gerade angestrengt über der Seekarte brütet.

»Könnte kaum besser laufen«, antwortet dieser. »Wir machen 18 Knoten Fahrt [für Landratten: Gut 33 km/h, Anmerkung d. Verf.] – *wenn nix dazwischenkommt, dürften wir so circa Montagnachmittag ankommen!«*

»Schau'n mer mal!«, meint Sugar noch etwas skeptisch und wirft einen kritischen Blick auf die Seekarten. »Ein paar Seemeilen voraus wimmelt es ja nur so von Klippen. Da müssen wir verdammt gut aufpassen.«

»Ja, Käpt'n«, gibt ihm sein Navigationsoffizier Recht. »Das könnte unter Umständen etwas haarig werden. Vielleicht sollten wir mal wieder ein paar kleine Ausweichmanöver üben?«

»Keine schlechte Idee!«, stimmt ihm Sugar zu, »Üben kann man eigentlich nie genug. Ich hoffe bloß, dass die Männer während der langen Zeit im Hafen nicht eingerostet sind.«

»Das kann ich mir zwar kaum vorstellen«, erwidert der Navigationsoffizier, »aber ein bisschen Übung kann wirklich nicht schaden. Schlage vor, wir nehmen das gleich heute Nachmittag in Angriff. Bis dahin kann ich nochmal überprüfen, ob auch alle Prozesspläne auf dem aktuellsten Stand sind.«

»So machen wir's«, meint Sugar. »Ach ja, könnten Sie mir bitte noch einen Gefallen tun und ›die heilige Dreifaltigkeit‹ für eine kleine Besprechung im Offizierskasino zusammentrommeln? So gegen acht vielleicht?«

»Gerne, Käpt'n – wird erledigt«, antwortet der Navigationsoffizier. Wie jeder an Bord weiß er ganz genau, wer mit dem Ausdruck »heilige

Dreifaltigkeit« gemeint ist – so nennt Sugar den Zirkel, der aus den drei erfahrensten Seeleuten an Bord seines Schiffes besteht: dem Smutje Smørebrøt, der nicht nur ein Profi in Sachen »Terrine de lapin aux noisettes« ist, sondern nach seinen 48 Jahren auf See auch alle Sandbänke und Untiefen zwischen Stewart Island (Neuseeland) und Qaanaaq (Grönland) kennt; dem leitenden Ingenieur Daniel Düsenhieb, der immer schon drei Tage vor einem anstehenden Wetterwechsel ein Jucken in der Kniekehle verspürt und zudem ein ausgewiesener Experte für Monsterwellen ist. Und schließlich John Wood, dem Schiffszimmermann, der diese Aufgabe an Bord übernommen hat, weil er leidenschaftlich gern mit Holz arbeitet, in seinem früheren Leben aber Physikdozent war und damals über das Thema »Die Messung der Wassertiefe, das Anpeilen von Wracks und Fischschwärmen mit einem Echolot« promoviert hatte.

Während der Navigationsoffizier die drei Männer über die abendliche Sitzung informiert, geht Sugar wieder nach draußen, um den Blick auf die unendlichen Weiten des Horizonts zu genießen.

Einen Tag später und ein paar Seemeilen weiter östlich:

Für Salt ist dieser schöne Frühsommertag nicht annähernd so erfreulich wie für seinen alten Kumpel Sugar. Nach dem überhasteten Aufbruch am Morgen hat er alle Hände voll zu tun, um sein Schiff einigermaßen auf Vordermann zu bringen.

»Los, los, los, ihr Schnecken!«, treibt er seine Leute an, »Wir sind schon spät genug dran!« Hektisch stürmt er zur Brücke hinauf. »Steuermann!«

»Yo man?«, schallt es zurück.

»Und? Wie läuft's?«, fragt der Kapitän.

»Na, ja ... ähm, also ich glaube ... im Großen und Ganzen dürfte es schon so ziemlich hinkommen. Wir fahren einigermaßen geradeaus und machen auch den einen oder anderen Knoten. Aber wir können darüber gerne mal bei einer Tasse Matetee plauschen oder zusammen ein Lied singen ...«, erwidert dieser.

»Was ist denn das für eine Meldung?«, blafft Salt ihn an und schwört sich, nie wieder einen Absolventen der Waldorf-Segelschule anzuheuern. Gerade als er zu einem weiteren Wutausbruch ansetzen will, kommt zum Glück des Steuermanns der Navigator auf die Brücke.

»Äh, Käpt'n Salt«, meint er etwas unsicher, »könnten Sie unter Umständen mal einen kurzen Blick auf die Seekarte werfen? ... Da rechts oben sind so komische kleine Kringel eingezeichnet, wissen Sie vielleicht, was die da sollen?«

»Oh mein Gott! Bin ich hier denn nur von Landratten umgeben? Habt ihr alle in den letzten Wochen euer Hirn versoffen?«, schreit Salt und hebt die Hände flehend zum Himmel. »RIFFE! Du Klabautermann! Das sind RIFFE! ... Nicht gerade eben unwichtig! Kann nämlich verdammt unangenehm werden, wenn man da drüberfährt!«

Doch wenden wir uns wieder von diesem unerquicklichen Schauspiel ab. Wird auch höchste Zeit, denn an anderer Stelle wird es langsam, aber sicher richtig spannend:

»Drei Grad steuerbord!«, befiehlt Sugar. Der Steuermann dreht das Ruder nach rechts.

Die Anspannung auf der Brücke ist förmlich mit Händen zu greifen. Vor dem Schiff türmen sich seit Stunden imposante Klippen auf. Die Felsen und Riffe, die hier unter der Wasseroberfläche lauern, haben schon so manchem Seebären das Leben gekostet.

Hochkonzentriert starrt Sugar auf die weite, ebene Wasserfläche vor seinem Schiff. Eigentlich sieht alles ganz harmlos aus, aber er weiß, dass sie verdammt gut aufpassen müssen. Auf die Seekarten kann man sich in dieser Meerenge noch weniger verlassen als auf sein Echolot. Zu viele kleine, scharfe Ecken und Kanten verstecken sich direkt unter dem Meeresspiegel und warten nur darauf, dass sie sich genüsslich in den Rumpf eines vorbeifahrenden Schiffes bohren dürfen.

Die Übung am gestrigen Nachmittag war perfekt verlaufen. Für Sugars Geschmack fast zu perfekt. Er war immer etwas misstrauisch, wenn alle Rädchen ineinander griffen, ohne auch nur den leisesten Hauch eines Quietschens von sich zu geben. Deshalb hatte er seiner Mannschaft auch nochmals eingebläut, dass sie am nächsten Tag bestimmt keine Butterfahrt vor sich hätten. Und auch mit der »heiligen Dreifaltigkeit« und seinen Offizieren hatte er am gestrigen Abend noch einmal zusammengesessen, um die einzelnen Manöver Punkt für Punkt durchzugehen. Hoffentlich hatten alle gut zugehört.

Während der letzten vier Stunden haben sich das Schiff und die Mannschaft mehr als tapfer durch das tödliche Trümmerfeld gekämpft, das vor, hinter, unter, rechts und links von ihnen liegt. Der Ausgang der Meerenge ist schon in greifbare Nähe gerückt.

Doch gerade als Sugar beginnt, etwas lockerer zu werden, wird die angespannte Stille plötzlich von einem aufgeregten Schrei zerrissen: »ALARM! ALARM! Ein Felsen der Klasse AAA auf ein Uhr!«, ruft der Navigationsoffizier, den Sugar ganz vorn am Bug platziert hat.

Der Kapitän weiß genau, dass nun Schluss mit lustig ist. »ACHTUNG! MANÖVER 69 NACH BACKBORD!«, befiehlt er seiner Besatzung.

Schnell dreht der Steuermann das Ruder nach links. Gleichzeitig hechtet die Mannschaft geschlossen auf die Backbordseite des Schiffes, um die Gewichtsverteilung zu verändern und ein noch schnelleres Ausweichen zu ermöglichen.

Sugar spürt, wie sich sein Schiff träge auf die Seite neigt. »Komm schon, komm schon, komm schon!«, flüstert er und schickt einige Stoßgebete zu Poseidon.

Doch einige Sekunden später ist er sich sicher, dass sie es geschafft haben. In respektablem Abstand zieht der gefährliche Felsen an der Steuerbordseite des Schiffes vorbei und vor ihnen liegt wieder die offene, weite See.

»Gut gemacht, Männer!«, ruft Sugar seiner Crew zu. Und seinem Steuermann gibt er augenzwinkernd den Befehl: »Auf geht's! Lass krachen!«

Die Pontos hat schon einige Seemeilen zwischen sich und die todbringenden Untiefen gebracht, als sich endlich auch Salt anschickt, die gefährliche Meerenge zu durchkreuzen.

»Langsam, langsam, gaaaaaaaaanz langsam!«, befiehlt er seinem Steuermann. Auch Salt hat schon mehr als eine Furcht einflößende Geschichte über diese schmale Passage gehört.

»Was'n los, Chef?«, fragt der Steuermann. »Angst? Also, neulich in unserer Männergruppe hatten wir auch ...«

Der Blick, den Salt ihm zuwirft, macht ihm unmissverständlich klar, dass es seiner Karriere mehr als abträglich wäre, weitere Details aus dem kürzlich absolvierten Angstbewältigungskursus auszuplaudern.

»Gefährliche Gegend hier!«, erklärt ihm Salt, dessen Ärger von der Anspannung gemildert wird, die sich langsam in ihm breit macht. »Das hier ist die Stelle, wo der Navigator die Kringel auf der Seekarte gesehen hat.«

Auf dem Deck ist von Salts Unruhe nicht viel zu spüren. Die meisten Männer sitzen in der Sonne und spielen Karten oder spinnen ihr Seemannsgarn.

Auch Salt war klug genug, einen Lotsen vorn am Bug zu postieren. Missmutig kuckt dieser in die klare See vor dem Schiff. »Ausgerechnet jetzt muss ich mir hier das Holzbein in den Bauch stehen«, denkt er sich, »wo ich doch gerade die Skatsträhne meines Lebens hatte.«

Seine üble Laune verstärkt sich schlagartig, als er nicht weit vor dem Bug einen durchaus ernst zu nehmenden Felsen entdeckt.

»Obacht Käpt'n! Da kommt was auf uns zu!«, schreit er panisch in Richtung Brücke.

Salt zuckt zusammen. »Meldung! Was genau? Wo genau?«, ruft er dem Mann am Bug zu.

»Ein Felsen! Da vorne rechts!«, schallt es zurück.

Salt kann sich gerade noch ein »Sch...«, verkneifen. »Hart backbord! Schnell!«, brüllt er seinem Steuermann zu.

»Alles klar auf der Andrea Doria! Keine Panik auf der Titanic! Wir werden das Schiff schon schaukeln!«, meint dieser optimistisch und beginnt, an seinem Ruder zu drehen.

Doch Salt ist schon längst von der Brücke gestürmt. Der Anblick ihres offensichtlich zutiefst beunruhigten Kapitäns lässt die Kartenspiele und Gespräche der Männer an Deck schlagartig zum Erliegen kommen.

Salt weiß genau, dass ein weniger stark überliegendes Schiff oft schneller läuft und besser im Ruder liegt. Er ruft seinem Kombüsenjungen zu: »Wir müssen eine kleinere Fock einschlagen! Los, du musst einen Ring einreffen. Wir wollen ja nicht zum Spielball Poseidons werden!«

Leider rafft der Kombüsenjunge weder, welchen Ring er einreffen soll, noch hat er den Hauch einer Ahnung, was das komisch klingende Wort »Fock« wohl bedeuten könnte. Salt erntet mit seinem Befehl nur verständnislose Blicke. Er entschließt sich, das Ganze nochmal langsam und zum Mitschreiben zu erklären: »Mann ... ist doch ganz einfach: Du musst die Achterleikkausch mit dem Schmeerreep und über die am Großbaum montierte Winsch dichtholen und belegen. Erst die Mittelkauschen, dann das Achterliek und schließlich die Mastkausch!«

Leider zeigen auch diese präzisen Anweisungen nicht die erhoffte Wirkung. Verzweifelt versucht Salt, seinen überkochenden Adrenalinspiegel irgendwie unter Kontrolle zu bringen. ›Fock off!‹, denkt er sich, ›offensichtlich müssen wir ganz vorn bei den Basics anfangen.‹

»Na gut ... Alle mal herhören!«, ruft er seiner Mannschaft zu. »Wir verlagern einfach das Gewicht! Wenn ich ›JETZT‹ rufe, rennen alle auf die Backbordseite!«

»Ähmmm, Chef!«, meint der Kombüsenjunge, und Salt ist sich sicher, dass der fragende Blick in seinen Augen wieder nichts Gutes zu bedeuten hat. »Das ist jetzt vielleicht eine ziemlich dumme Frage, aber: Wie war das noch mal? Backbord war ...?«

»LINKS! Du Idiot! Das ist doch nun wirklich ganz einfach zu merken: In Steuerrrrrrrbord ist ein ›R‹ drin, ›R‹ wie ›Rechts‹! Im Umkehrschluss heißt das dann wohl, dass ›Backbord‹ für ›Links‹ steht, oder?«, schreit Salt ebenso wütend wie verzweifelt.

»Abel in ›Backbold‹ ist nul ein ›L‹ dlin und in ›Steuelbold‹ sogar zwei! ›L‹ wie ›Links‹!«, gibt Li-Peng Smut-je, der chinesische Koch an Bord des Schiffes, zu bedenken.

Salts verzweifelter Aufschrei wird durch das schlimmste Geräusch übertönt, das sich ein Seemann nur vorstellen kann: ein laut scharrendes, unüberhörbares

»K R A C K S!«

OLD B
KRACKS

Risikokommunikation

Die oben beschriebenen kleine Episode, die sich nur wenige Seemeilen nördlich von *Gertis Spelunke* abgespielt hat, zeigt recht deutlich, welch überragende Bedeutung die Kommunikation im Risiko- und Krisenmanagement besitzt. Wie auf dem Schiff unseres Freundes Salt werden auch im täglichen Leben viele Risiken durch falsche oder mangelhafte Kommunikation verschärft oder kommen durch Kommunikationsprobleme überhaupt erst zustande. Wenn der Kombüsenjunge beispielsweise nicht einmal den Unterschied zwischen *backbord* und *steuerbord* kennt und außerdem keine Ahnung hat, was eine *Fock* ist ... wie sollte er da erst Salts Befehl befolgen können, er müsse »*... die Achterleikkausch mit dem Schmeerreep und über die am Großbaum montierte Winsch dichtholen und belegen*«? Das Ergebnis ist nicht nur ein höchst unerfreuliches »Kracks«, sondern auch eine erhebliche Gefährdung von Schiff und Mannschaft.

Ganz ähnliche Kommunikationsschwierigkeiten wie auf Salts altem Kahn begegnen uns auch in vielen Unternehmen. Oftmals beginnt dies bereits bei der Kommunikation der Unternehmensvision und -strategie. Von denjenigen, die sie eigentlich umsetzen müssten, werden Unternehmensstrategien häufig nicht verstanden und schon gar nicht gelebt. Nach aktuellen Studien erreichen innerhalb komplexer Organisationsstrukturen – ein Kriterium, das die allermeisten Unternehmen locker erfüllen dürften – lediglich 20 Prozent der ursprünglichen Informationen die fünfte Hierarchieebene. Wenn aber 80 Prozent aller Informationen unterwegs versickern, wie soll dann der viel zitierte »Mitarbeiter vor Ort« die Strategie verstehen und umsetzen?

Da eine adäquate Kommunikation auch entscheidende Bedeutung im Zusammenhang mit der Prävention und Beurteilung von Risiken besitzt, hat Sugar beispielsweise ein Risikokomitee (seine so genannte »heilige Dreifaltigkeit«) gegründet, in dem das unterschiedliche Wissen der Pontos-Crew einerseits gebündelt wird und andererseits auch ausgetauscht werden kann. Normalerweise treffen sich die Mitglieder einmal im Monat, um über aktuelle Entwicklungen und Risiken sowie mögliche Schutzmaßnahmen zu diskutieren und entsprechende Entscheidungen zu treffen. Vorsitzender des Risikokomitees ist Kapitän Sugar. Ergänzend zu den regelmäßigen Treffen wird das Komitee »ad-hoc« in Krisen- und Notsituationen zusammengetrommelt – etwa wenn die Fahrt durch eine Meerenge mit gefährlichen Riffen bevorsteht.

Wichtig ist Sugar dabei eine gesunde Mischung der unterschiedlichen Disziplinen. Indem das komplette Wissen der Experten »in einen Topf« geworfen wird, werden Risiken aus den unterschiedlichsten Perspektiven betrachtet und können damit viel schneller erkannt und viel professioneller gesteuert werden. Zudem ist ein solches Risikokomitee eine ideale Informationsdrehscheibe, über die alle wichtigen Informationen auch in die entlegensten Winkel des Schiffes getragen werden.

Um diese Ziele zu erreichen, heuert Sugar gern Leute an, die genau diejenigen Fähigkeiten und Kenntnisse mitbringen, die ihm selbst fehlen. Sugars Führungsstil ist durch Flexibilität, Loyalität und Teamarbeit geprägt. Als Sugar merkt, dass die nächsten Seemeilen brenzlig werden, ruft er sofort sein Risikokomitee zusammen, um die aktuelle Lage zu besprechen. Jeder Einzelne bringt so sein spezifisches Wissen ein und blickt auch über den Tellerrand der eigenen Disziplin hinaus. Wir erinnern uns: Smørebrøt kennt alle Sandbänke und Untiefen zwischen Stewart Island (Neuseeland) und Qaanaaq (Grönland). Und dem leitenden Ingenieur Daniel Düsenhieb juckt nicht nur vor jedem Wetterumschwung die Kniekehle, sondern er ist auch Spezialist für die Vorhersage von »Monsterwellen« und tropischen Wirbelstürmen. Außerdem kennt er sich perfekt mit numerischer Simulation nichtlinearer transienter Wellengruppen aus. Mit stolz geschwellter Brust sitzt er jeden Abend vor seinem Rechenschieber und berichtet allen, die es wissen wollen oder auch nicht: »Wenn eine Monsterwelle über die *Pontos* bricht, wird das Deck Belastungen von über 100 Tonnen pro Quadratmeter ausgesetzt. Da unser Schiff aber nur für Wellen mit einer maximalen Scheitelhöhe von 15 Metern und für eine Belastung von höchstens 15 Tonnen pro Quadratmeter konstruiert ist, sollten wir alles daransetzen, diesen Dingern auszuweichen.« Und der Schiffszimmermann John Wood hat schließlich seine Doktorarbeit über »Die Messung der Wassertiefe, das Anpeilen von Wracks und Fischschwärmen mit einem Echolot« geschrieben (ein Echolot ist übrigens dieses tolle Gerät zur Entfernungsmessung mithilfe reflektierter Schallimpulse. Aus der Zeit zwischen Senden und Empfangen des Signals und der Schallgeschwindigkeit im jeweiligen Medium wird die Entfernung bestimmt).

Wie wir ja bereits im Kapitel über Risikowahrnehmung gelernt haben, sind Risiken Konstrukte, die sich jeder aus anderen Bausteinen und auf andere Art und Weise zusammenbastelt. Die Kommunikation und der Informationsaustausch innerhalb des Risikokomitees bei Sugar tragen entscheidend dazu bei, dass jedes Crewmitglied die Risikosituation auch mal durch die Brille des anderen betrachtet und sich ein gemeinsames Risikoverständnis innerhalb der ganzen Mannschaft herausbilden kann. Auf diese Weise entwickelt sich jeder an Bord zu einem »kleinen Risikomanager«.

Kommunikation findet dabei zum einen zwischen den einzelnen Mitarbeitern statt *(vertikale Kommunikation)*. So wird Smørebrøt zum Beispiel regelmäßig (und nicht nur an den Tagen, an denen es »Terrine de lapin aux noisettes« gibt) vom Schiffszimmermann John Wood besucht. Dabei diskutieren die beiden dann über die optimale Route und geben diese Informationen anschließend natürlich auch an Sugar weiter *(horizontale Kommunikation)*. Solche vertikalen und horizontalen Kommunikationsstrukturen tragen entscheidend dazu bei, die so genannte *Silomentalität* zu vermeiden, bei der jeder in seinem »Faulturm« sitzt und von der Außenwelt praktisch abgeschnitten ist. Bei Sugar betrachtet jeder das Schiff und sein Umfeld als Ganzes, quasi aus der Perspektive des Krähennestes hoch oben im Mast.

Salts Führungsstil steht dem diametral entgegen: Er will alle Fäden in der Hand haben. Für ihn ist es undenkbar, Aufgaben zu delegieren. Er hält seine Mannschaft für dumm (was vielleicht auch stimmt) und praktiziert daher eine »Vogel-Strauß-Kommunikationspolitik«. Da er niemanden informiert, was er selbst will und was er von den anderen will, ist seine Mannschaft geprägt durch unkoordinierte Aktivitäten. Verstärkt werden diese Defizite noch durch die babylonische Sprachverwirrung an Bord (siehe den chinesischen Schiffskoch Li-Peng Smut-je), welche die Kommunikation auch innerhalb der Crew extrem erschwert. Da Salt aus Kostengründen in jedem Hafen eine neue Mannschaft anheuert, hat er immer die unterschiedlichsten Kulturen und Nationalitäten an Bord. Hierdurch wird der Aufbau einer sinnvollen Risikokommunikation und Risikokultur zu einer Herausforderung, die kaum mehr zu bewältigen ist. Und im nächsten Hafen beginnt das Spiel wieder von vorn.

Ähnlich schwierig wie die Kommunikation innerhalb des Unternehmens gestaltet sich in aller Regel auch die Koordination und Kommunikation mit externen Partnern (wie z. B. Lieferanten, Kunden, Geldgebern, Behörden etc.), wobei hierfür insbesondere die Komplexität der Verknüpfungen des Subsystems »Unternehmen« mit anderen Subsystemen ausschlaggebend ist. Auch für diese Problemstellung stellt die Schifffahrt ein Paradebeispiel dar: Nicht selten ist der eigentliche Eigentümer eines Schiffes in Land A ansässig, der unmittelbare Besitzer jedoch in einem anderen Land B. Das Schiff wird unter der Flagge des Landes C geführt und von einem Unternehmen aus dem Land E betrieben, ist aber im Rahmen eines langfristigen Chartervertrags an eine Gesellschaft im Land F vermietet, die ihrerseits wiederum Ladekapazität an eine Firma aus dem Land G untervermietet hat. Die Waren werden aus Land H in Land I transportiert. Hergestellt wurden sie jedoch in Land J, von einem Unternehmen aus K, das in einer Freihandelszone in Land L sitzt. Die Mannschaft des Schiffes stammt schließlich (in etwa zu gleichen Teilen) aus den Ländern A bis Z. Obwohl wir dieses Spielchen noch über mindestens fünf Seiten fortsetzen könnten, haben Sie sicherlich schon erkannt, worauf wir hinauswollen: Die überlebenswichtige Kommunikation und Transparenz werden durch derart komplexe Konstellationen extrem erschwert.

Kommunikation ist im Übrigen nicht nur wichtig, um das reibungslose Ineinandergreifen aller Zahnrädchen entlang der gesamten Wertschöpfungskette (vom Rohstofflieferanten zum Zulieferer von Vorprodukten und Komponenten, weiter zum Produzenten und über den Groß- und Einzelhändler bis hin zum Endkunden) zu gewährleisten. Offene und ehrliche Kommunikation ist auch eine unbedingte Voraussetzung, um an den unverzichtbaren »Schmierstoff« für diese Zahnrädchen zu gelangen. Durch Kommunikation entsteht Transparenz, und erst diese Transparenz schafft schließlich das wichtigste Kapital, über das ein Unternehmen verfügt: Vertrauen. Nur wenn Zulieferer, Geldgeber, die Öffentlichkeit und insbesondere natürlich die Kunden eines Unternehmens über dessen Tun und Lassen ausreichend informiert sind und dadurch auch ihre eigenen Risiken gut genug einschätzen können, werden sie bereit sein, mit ihm Geschäfte zu machen, seine Produkte zu kaufen oder ihre finanziellen Ressourcen zur Verfügung zu stellen. Nicht zuletzt deshalb sind *Kommunikation* und *Transparenz* derzeit die beiden bestimmenden Themen in der öffentlichen Diskussion um Corporate Governance und Risikomanagement.

Wie wir alle wissen, ist Vertrauen jedoch ein äußerst zerbrechlicher Stoff. Und wie viele Unternehmen leidvoll erfahren mussten, wird es insbesondere dann auf eine harte Probe gestellt, wenn bestimmte Risiken eingetreten sind. Deshalb macht es auch überhaupt keinen Sinn, im Falle von Unternehmenskrisen (z. B. einem Störfall auf dem Werksgelände, der Entdeckung gesundheitsschädlicher Stoffe in den Produkten etc.) wichtige Informationen zurückzuhalten, die tatsächliche Gefährdung herunterzuspielen oder die Kommunikation mit Medien und Kunden einzuschränken – so à la: »Wir müssen den Vorfall erst noch intensiv untersuchen, bevor wir uns hierzu äußern.«; »Die von Greenpeace vorgelegten Ergebnisse sind völlig falsch. In drei bis vier Wochen werden wir ein entsprechendes Gegengutachten präsentieren.«; »Wir gehen davon aus, dass es sich bei dieser Sache nur um einen seltenen Einzelfall handelt.« – oder schlicht: »Kein Kommentar.« Bisweilen wird von den PR-Abteilungen auch die berühmte Helikopter-Taktik angewendet:

über den Dingen schweben, haufenweise Staub aufwirbeln, kurz den Boden berühren und gleich wieder abheben.

Wer nicht selbst kommuniziert, für den wird kommuniziert. Und was dann kommuniziert wird, entzieht sich weitgehend der Einflussnahme des Unternehmens und fällt in aller Regel wesentlich negativer aus, als es objektiv gerechtfertigt wäre – in diesem Zusammenhang sei nur an das Kommunikationswaterloo erinnert, das *Shell* bei der Entsorgung der Ölplattform *Brent Spar* erlebte.

Um derartige Desaster zu verhindern, kann jedem Unternehmen nur geraten werden, die eigenen Risiken möglichst schnell und umfassend zu kommunizieren. Außerdem kann es sicher nicht schaden, in »guten« Zeiten ein entsprechendes Vertrauenspolster aufzubauen, von dem man dann in »schlechten« Zeiten zehren kann. So lädt Sugar beispielsweise seine Kunden und Geschäftspartner schon seit Jahren zum *Tag der offenen Pontos* ein. Am Geburtstag des Meeresgottes Pontos können sich Interessierte regelmäßig bei Smørebrøts »Terrine de lapin aux noisettes« über das Schiff und die Mannschaft informieren.

Schwerwiegende Kommunikationsfehler und die dadurch entstehenden Risiken haben in den Unternehmen zumeist »nur« wirtschaftliche Folgen, wobei die Spanne auch hier vom Verlust eines kleinen und unwichtigen Auftrags bis zum »Gang nach Insolvenzia« reicht. Im Bereich der Seefahrt, auf die wir hier ja immer mit einem Auge schielen, können die Auswirkungen katastrophal sein, wie beispielsweise die fast schon vergessene Tragödie der *Empress of Ireland* zeigt, die im Frühjahr 1914 auf dem St.-Lawrence-Fluss mit dem norwegischen Kohlendampfer *Storstad* kollidierte.

Beide Schiffe sichteten sich am Morgen des 29. Mai 1914. Kapitän Henry Kendall ordnete auf der Brücke der *Empress of Ireland* sogleich einen Ausweichkurs auf die offene See an. Doch innerhalb weniger Minuten wurden beide Schiffe von einer dicken Nebelsuppe verschluckt. Kapitän Kendall war durch den plötzlich eingetretenen Nebel besorgt und ließ dreimal das Nebelhorn blasen, um seinen Kurs »volle Kraft zurück« zu signalisieren. Schließlich war die Geschwindigkeit der *Empress of Ireland* gleich null. Ein Signal von dem anderen Schiff konnte Kendall allerdings nicht empfangen. Urplötzlich sah er jedoch auf der Steuerbordseite zwei Mastlichter direkt auf sein Schiff zukommen. Doch es war zu spät! Die *Empress of Ireland* sank innerhalb von 14 Minuten und riss 1 078 Menschen, darunter 843 Passagiere (dies waren übrigens mehr als beim Untergang der *Titanic*, wo sich unter den insgesamt knapp 1 500 Toten »nur« 832 Passagiere befanden), mit auf den Grund des St.-Lawrence-Flusses.

Eine entscheidende Ursache für diese Katastrophe war unter anderem die Tatsache, dass Captain Andersen auf der *Storstad* erst nach der Kollision geweckt worden war. Etwas spät also, um mit der *Empress of Ireland* noch in Kontakt treten zu können. Während der Kapitän seelenruhig vor sich hin schlummerte, steuerte der Erste Offizier das Schiff in einem Schlingerkurs direkt in die *Empress of Ireland* hinein. Hätten die Schiffe einfach ihren Kurs und ihre Geschwindigkeit beibehalten, wäre rein gar nichts passiert. Der Untergang der *Empress of Ireland* ist somit nicht nur ein lehrreiches Beispiel für kommunikations- beziehungsweise nicht-kommunikationsbedingte Risiken, sondern auch für zusätzliche Gefahren, die durch gut gemeinte, letztlich aber fatale Steuerungsprozesse entstehen. Auch bei diesem Beispiel dürfte es dem Leser kaum schwer fallen, entsprechende Analogien zu den Verhaltensmustern zu entdecken, die tagtäglich in vielen Unternehmen sichtbar werden.

Genauso riskant wie unzureichende Kommunikation kann im Krisenfall jedoch auch übermäßige Kommunikation sein. Bestimmt haben Sie jemanden in Ihrem Bekannten-, Verwandten- oder Kollegenkreis, der – sagen wir mal – »verbal sehr aktiv« ist. Aus all dem Geplapper die wirklich relevanten Informationen herauszufiltern ist im Allgemeinen schwerer, als sich seinen eigenen Reim zu machen. Genauso wie es Unternehmen gibt, die nichts oder viel zu wenig kommunizieren, gibt es auch Unternehmen, die viel zu viel kommunizieren. Wer jeden Tag dreißig unterschiedliche Pressemeldungen verschickt, darf sich nicht wundern, wenn der gesammelte *Information Overload* ungelesen in »Ablage P«

wandert und die bösen, bösen Medien im Krisenfall dann auch wieder schreiben, was sie wollen.

Eines der berühmtesten Beispiele (zur Abwechslung mal nicht aus der Seefahrt) für überperfektionierte Kommunikation dürfte wohl der Reaktorunfall von Three Mile Island in der Nähe von Harrisburg (Pennsylvania) am 28. März 1979 sein. Nachdem durch einen Wartungsfehler und ein defektes Ventil im Block 2 des Kernkraftwerkes ein Kühlwasserverlust eingetreten war, wurden die zuständigen Operateure durch etwa 1 600 leuchtende und blinkende Anzeigelämpchen, die zudem noch mit Kennziffern und Buchstaben ergänzt worden waren, über – auf Deutsch gesagt – jeden kleinen Pups ihres Reaktors informiert. Ununterbrochen klingelten Telefone und kamen Personen in den Kontrollraum, um aktuelle Informationen weiterzugeben. Die Bediener verloren schließlich völlig den Überblick und schalteten versehentlich das Notkühlsystem ab. Der betreffende Reaktorblock wurde vollständig zerstört und radioaktive Strahlung gelangte in die Umwelt. Die durch den Störfall verursachten Schäden beliefen sich auf circa eine Milliarde Euro.

Der Grat zwischen *Information Overflow* und *Information Drought* ist zweifellos schmal. Umso wichtiger ist es aber, auf diesem Grat gekonnt zu balancieren, das heißt nicht alle möglichen Informationen zu veröffentlichen, sondern sich auf die jeweils relevanten zu beschränken. Hätte Salt seinem Kombüsenjungen nicht befohlen: »*Du musst die Achterleikkausch mit dem Schmeerreep und über die am Großbaum montierte Winsch dichtholen und belegen. Erst die Mittelkauschen, dann das Achterliek und schließlich die Mastkausch!*«, sondern einfach gesagt: »*Zieh an dem Seil da!*«, hätte ihm das abscheuliche »Kracks!«, mit dem sich das Riff in den Bug seines Schiffes bohrte, unter Umständen erspart bleiben können.

Doch auch die beste Kommunikation kann nur dann ihre Wirkung entfalten und bei der Minimierung von Risiken helfen, wenn die erhaltenen Informationen auch direkt in zielgerichtete Aktionen umgesetzt werden.

Zur Illustration der Risiken aufgrund unzureichender Kommunikation beziehungsweise unzureichender Reaktion auf die vorhandenen Informationen eignet sich in geradezu idealer Weise die wohl mit weitem Abstand berühmteste Schiffskatastrophe der Menschheit: der Untergang der *Titanic* in der Nacht vom 14. auf den 15. April 1912.

Wie die meisten Tragödien fängt auch die Geschichte der Titanic ganz harmlos an: Am 10. April 1912 gehen in Southampton die Besatzungsmitglieder und die ersten Passagiere zur Jungfernfahrt an Bord dieses Schiffes der Superlative: 46 329 Bruttoregistertonnen bei circa 66 000 Tonnen Wasserverdrängung, ein Tiefgang von 10,5 Metern, 29 Dampfkessel, zwei Dampfmaschinen von je 990 Tonnen Gewicht und eine Dampfturbine. Die Titanic ist das größte und sicherste Schiff der Welt – sie gilt als unsinkbar. Nach Zwischenstopps in Cherbourg und Queenstown wird der Anker am 11. April 1912 zum letzten Mal gelichtet. Die Ankunft in New York ist für den 16. April morgens vorgesehen.

Bereits am 13. April 1912 warnt die vorbeifahrende *Rappahannock* vor starkem Packeis, da sie selbst bei der Durchquerung eines Eisfeldes beschädigt worden war. Am 14. April folgen gegen Mittag weitere Warnungen vor Treibeis und Eisbergen, etwa von der *Caronia* sowie dem holländischen Linienschiff *Noordam*. Am frühen Nachmittag empfängt die Titanic von der *Baltic* Informationen über große Mengen Treibeis. Die Titanic selbst ist noch etwa 250 Meilen von der angegebenen Position entfernt. Über einen weiteren großen Eisberg in der Gegend berichtet außerdem das deutsche Linienschiff *Amerika*. Leider wird diese Meldung nicht an die Brücke weitergegeben.

Im Laufe das Tages häufen sich die Warnungen: Auf dem Kurs der *Californian* befinden sich verschiedene große Eisberge. Die *Mesaba* warnt ebenfalls vor starkem Packeis und einem großen Eisberg. Auch dieser Funkspruch wird auf der Titanic überhört. Um 21:55 Uhr meldet sich die *Californian* abermals und berichtet von einem Treibeisfeld, das sich zehn bis neunzehn Meilen nördlich von der Titanic erstreckt. Auf der Brücke der Titanic wird die Eiswarnung jedoch durch ein rüdes »*Halten Sie sich heraus! Schluss jetzt! Sie stören mein Signal. Ich stehe mit Cape Race in Verbindung*« unterbrochen. Derweil nimmt der Kapitän des Schiffes, E. J. Smith, gerade sein Abendessen unter Deck ein.

Den Rest kennen wir entweder aus den Geschichtsbüchern oder aus einer der knapp fünfzig Verfilmungen der Katastrophe:

Während sich die Titanic mit etwa 21,5 Knoten durch den Ozean in der Nähe der Großen Neufundlandbank pflügt, wird gegen 23:30 Uhr vom Krähennest ein leichter Dunst unmittelbar vor dem Schiff wahrgenommen. Einige Minuten später sichtet der Ausguck in etwa 500 Meter Entfernung einen Eisberg, der etwa fünfzehn Meter über das Wasser ragt.

Das Ausweichmanöver, das der Dienst habende Erste Offizier Murdoch unverzüglich einleitet, erweist sich als kontraproduktiv: Fatalerweise wird das Schiff in eine Position manövriert, die es dem Eisberg erst erlaubt, auf der Steuerbordseite an der Titanic entlang zu schrammen und dabei ganze fünf (der insgesamt sechzehn) Kammern leckzuschlagen.

Gegen Mitternacht fängt der Bug der Titanic an zu sinken. Von den schätzungsweise 2 227 Personen an Bord ist nur für 1 178 Platz in den Rettungsbooten – die Titanic hat lediglich sechzehn Rettungsboote und vier »ausklappbare« Notboote an Bord, da ein Blick in den »Rückspiegel« bestätigt hatte, dass diese Kapazitäten bei früheren Unglücksfällen ausgereicht hatten. Grundlage für diese Ausstattung war eine längst veraltete Vorschrift des britischen Handelsministeriums. Und außerdem galt die Titanic ja als unsinkbar.

Gegen 2:20 Uhr, rund zwei Stunden und 40 Minuten nach der Kollision, wird der stählerne Koloss dann endgültig vom Ozean verschluckt. Ungefähr zwanzig Minuten später erreichen die beiden Bruchstücke der Titanic den Meeresgrund in circa 3784 Metern Tiefe. Über 1 500 Menschen sterben.

In bester James-Bond-Tradition würden auch wir niemals nie sagen und behaupten, dass unser Freund Sugar vollständig davor gefeit wäre, einen Eisberg zu rammen. Jedoch erscheint uns die Wahrscheinlichkeit, dass die Pontos einmal das gleiche Schicksal erleidet wie die Titanic, schon sehr gering. Zum einen legt Sugar großen Wert auf effiziente Frühwarnsysteme und eine offene und ausgewogene Kommunikation – intern wie extern. Dadurch stellt er sicher, dass ihn alle erforderlichen Informationen auch tatsächlich erreichen und bei seinen Entscheidungen berücksichtigt werden können.

Zum anderen hat er Vorsorge getroffen, dass die eingehenden Informationen auch effektiv und effizient umgesetzt werden können. Sugar ist sich sicher, dass er sein Risiko erheblich reduzieren kann, wenn er die hohe Qualität seiner Kernprozesse und unterstützenden Leistungen sicherstellt. Die Tatsache, dass jedem an Bord genau kommuniziert wurde, was ein Klasse-AAA-Felsen ist und wie die unterschiedlichen Ausweichmanöver funktionieren, hilft schließlich wenig, wenn die Männer dieses Wissen nicht auch effizient anwenden können. Zu diesem Zweck hat Sugar die meisten Prozesse an Bord seiner *Pontos* exakt in einem Prozesshandbuch beschrieben, das jeder Mitarbeiter kennt und mit dessen Hilfe sich auch die Frischlinge an Bord schnell in die wichtigsten Abläufe einarbeiten können. Ein wesentlicher Bestandteil des Prozesshandbuchs ist ein transparenter Risikomanagement- und Notfallprozess. Als Sugar das Kommando »Manöver 69!« gibt, weiß sofort jeder, was zu tun ist, und kann die entsprechenden Aktionen auch direkt umsetzen.

Auf hoher See gilt dabei: Übung macht den Meister! Wenn Sugars Mannschaft bei jedem Befehl des Kapitäns erst das Prozesshandbuch wälzen müsste, um zu erfahren, was zu tun ist, wäre wohl auch die *Pontos* schon auf so manches Riff gelaufen.

Beim Management unternehmerischer und technischer Risiken scheint diese uralte Weisheit nicht unbedingt zu den integralen Bestandteilen des Allgemeinwissens zu zählen. Einerseits werden Millionenbeträge in den Aufbau von Fallback-Systemen installiert und (nicht zuletzt auf externen Druck der Behörden) ausgefeilte Notfallpläne entworfen, andererseits hält man es nicht für nötig zu überprüfen, ob diese Konzepte dann auch in der Realität funktionieren.

Der Notfallplan einer deutschen Bank sah beispielsweise vor, dass die kritischen Geschäftsprozesse des Instituts spätestens zweieinhalb Stunden nach einem Totalausfall des In-house-Rechenzentrums (z. B. durch Brand, Wassereinbruch o. Ä.) wiederhergestellt sein sollten. Zu diesem Zweck wurden entsprechende Ausweichkapazitäten in einem zweiten Rechenzentrum am anderen Ende der Stadt vorgehalten. Im Fall des Falles sollten sich wichtige Schlüsselmitarbeiter schnellstmöglich dorthin begeben und ihre Arbeit fortsetzen. Außerdem wurde ein ausgeklügelter Notfallplan erstellt, in dem sämtliche Eventualitäten Berücksichtigung fanden. Perfekte Risikovorsorge! Aber leider nur scheinbar. Denn wie sich während einer Notfallübung herausstellte, waren im Notfallhandbuch zwei Adressen vertauscht worden. Die Mitarbeiter wollten zu dem angegebenen Back-up-Rechenzentrum fahren, fanden sich aber schließlich bei der Papierfabrik wieder, welche die Kontoauszugsdrucker der Bank bestückte. Als sie ihren Irrtum feststellten und umkehren wollten, hatte bereits die Rushhour eingesetzt und sie saßen über eine Stunde im Berufsverkehr fest. Anstatt der geplanten zweieinhalb Stunden Wiederherstellungszeit benötigte die Bank schließlich fast sechs Stunden, um ihre kritischen Geschäftsprozesse wieder zum Laufen zu bringen. Ohne Notfallübung unter realistischen Bedingungen wäre der Fehler wohl erst bei einem tatsächlichen Ernstfall (und damit viel zu spät) entdeckt worden.

Um solche bösen Überraschungen zu vermeiden, hat Sugar schon vor einigen Jahren ein umfassendes Qualitätsmanagement eingeführt. Regelmäßig lässt er die wichtigen Prozesse von seiner Mannschaft üben und auch von einer neutralen, externen Stelle überprüfen. Im Mannschaftsraum hängt daher eine Urkunde, auf der in goldenen Lettern steht: »Seebären-Qualitäts-Institut CERT Certification Body of International Association of Sea Bears hereby certifies in accordance with Sea Bears CERT procedure that PONTOS has established and applies a quality system for Marine Transportation Services Industry. An audit was performed, Report No.

0163-4295567. Proof has been furnished that the requirements according to DIN EN ISO 9001 are fulfilled. Certificate Registration Number 0163-3733633.«

»Die bessere Schwester der Angst ist die Vorsicht, aber der schlechtere Bruder des Muts ist der Übermut.«

Philip Rosenthal

Kapitel 3
Danke für den Tipp!

Die leichte Brise, die an diesem sonnigen Morgen vom Meer herüberweht, treibt den Staub aus den Straßen der Stadt. Sugar war schon vor ein paar Tagen im Hafen angekommen und hatte seine Ware wie immer fristgerecht bei Rudi Reeders Kunden abgeliefert. Obwohl die Überfahrt einigermaßen ruhig verlaufen war, hatte er seiner Mannschaft (und sich) übers Wochenende freigegeben. Erst heute Mittag wollten sich die Männer wieder treffen, um gemeinsam die nächste Fahrt zu planen.

Gerade als Sugar am Hafen ankommt, legt endlich auch das Schiff von Salt an der Kaimauer an. Wie wir alle wissen, war dieser ja erst ein paar Stunden später losgekommen und hatte unterwegs mit allerlei Schwierigkeiten zu kämpfen gehabt.

»Ahoi, mein Freund!«, begrüßt Sugar den alten Seebären. »Wie war die Reise?«

»Tu mir einen Gefallen und frag nicht!«, erwidert Salt missmutig. »Wenn du wüsstest, was ich durchgemacht habe, hättest du jetzt auch nur noch einen Wunsch: Ab in die Kneipe!«

»Da war ich gestern«, antwortet Sugar. »Aber der Wind ist günstig, da wollen wir morgen gleich zurückfahren. Darum mach ich mit meiner Mannschaft heute noch 'ne kleine Vorbesprechung.«

»Vorbesprechung! Mit meiner Mannschaft!«, äfft Salt ihn nach. »Du willst ... du willst mit deinen Leuten REDEN?«, fragt er ungläubig. »So weit kommt's noch: dass mir der Kombüsenjunge sagt, welchen Kurs ich einschlagen soll. Nee, nee ... bei mir gilt immer noch das Motto: ›Auf jedem Schiff, das dampft und segelt, gibt es EINEN, der die Sache regelt: Und das bin ICH!‹« Salt hält kurz inne. Seiner Meinung nach bringt dieser Satz sein Führungsverständnis dermaßen gut auf den Punkt, dass er sich ziemlich sicher ist, irgendwann einmal würde der Spruch von irgendjemandem abgekupfert.

»Warum denn nicht?«, fragt Sugar, fast ebenso erstaunt. »Mir ist es schon wichtig, dass jeder auf dem Schiff mitdenkt und weiß, worauf er zu achten hat. Dann kann einfach viel weniger passieren. Schließlich sehen vier Augen immer mehr als zwei.«

»Ach papperlapapp«, erwidert Salt. »Das sind doch eh alles nur Laien. Was können die dir schon groß erzählen?«

In ihrer hitzigen Diskussion hätten unsere Kapitäne fast die beiden Designeranzüge übersehen, die sich zielstrebig ihren Schiffen nähern.

»Schönen guten Tag, die Herren!«, sagt der eine. »Wenn Sie erlauben, dass ich mich kurz vorstellen darf: Mein Name ist Ärger, Roland B. Ärger. Ich bin Leading Senior Principal Managing Partner der Unternehmensberatung B. Osten Consulting Group und leite dort die Business Unit Risk Management for Small & Medium Sized Global Accounts in the Marine Transportation Services Industry.«

Roland B. Ärger streckt Sugar und Salt seine Visitenkarte hin. »Hier, meine Koordinaten.«

»Ja, und ich bin Dipl.-Kaufmann Dr. Piet Preiswasserhausböttcher, MBA, StB & WP von der Preiswasserhausböttcher Treuhand-Gesellschaft Aktiengesellschaft Wirtschaftsprüfungsgesellschaft Steuerberatungsgesellschaft«, fällt ihm der andere Nadelstreifenträger ins Wort, wobei er die beiden Kapitäne ebenfalls flink mit seinen Visitenkarten versorgt.

»Interessant«, meint Sugar, »Was können wir denn gegen Sie tun?«

»Hahaha«, lächelt Roland B. Ärger etwas gequält. »Guter Scherz! Die Antwort ist: Nichts! Absolut nichts! Aber WIR können EINIGES für SIE tun! ... Sehen Sie, das heutige Unternehmensumfeld ist von zunehmender Komplexität und Dynamik geprägt. Die Deregulierung und Globalisierung sowie der Wandel von Verkäufer- zu Käufermärkten führen zu einem immensen Innovations- und Kostendruck ... [um den Umfang des vorliegenden Buches nicht unnötig aufzublähen, erlauben wir uns an dieser Stelle, die Ausführungen von Roland B. Ärger stark zu kürzen. Sollte der Leser wider Erwarten die oben genannten Entwicklungen noch nicht bemerkt haben, kann er alles detailliert auf den ersten drei Seiten jedes beliebigen Fachartikels eines Unternehmensberaters nachlesen, die Verf.] *... blablabla ... wobei unser Benchmarking zeigt, dass sich außerdem die Time-to-Mar-*

ket-Zyklen radikal verkürzen. Nur durch ein ganzheitliches und nachhaltiges BSC-unterstützes BPR kann die eigene USP an die Präferenzstrukturen der ...«

»Is scho' recht«, unterbricht ihn Sugar endlich und wendet sich ab. »aber ich glaube kaum, dass mir das irgendwie weiterhelfen kann.«

»Nun gut!«, meint Roland B. Ärger beleidigt, »trotz allem würde ich Ihnen gerne unseren Twopager zu diesem Themenkomplex zukommen lassen oder eine Präsentation mit einem konkreten Proposal mailen. Vielleicht können wir dann ja im Rahmen eines Initialisierungsworkshops den Kick-off zu einem Best-Practice-Projekt mit ...«

»Nein. Danke!«, unterbricht ihn Sugar ein zweites Mal. »Aber wenn Sie sich nützlich machen wollen, dann halten Sie doch bitte mal den Steg fest, damit ich zu meinen Leuten kann.«

»Äh, tut mir Leid«, meint Roland B. Ärger. »Aus haftungsrechtlichen Gründen kann ich den Steg leider nicht festhalten. Aber ich kann Ihnen genau erklären, wie man den Steg festhalten müsste.«

Da Sugar nicht der Ansicht ist, dass das großzügige Angebot von Roland B. Ärger eine Erwiderung wert wäre, zieht er es vor, sich allein über die schwankenden Bretter an Bord seines Schiffes zu hangeln.

»Keine Ursache!«, ruft Roland B. Ärger ihm nach. »Meine Teamassistentin wird Sie dann morgen kontaktieren! Mit der können Sie dann auch die Details der Rechnung abklären!«

Zu seinem Glück hört ihn Sugar schon gar nicht mehr. Er beeilt sich, in den Besprechungsraum zu kommen, wo seine Männer schon eifrig über die Chancen und Risiken ihrer nächsten Fahrt diskutieren.

Roland B. Ärgers Ärger über den – na ja, sagen wir mal ›suboptimal‹ verlaufenen – Akquisetermin steigert sich noch, als er sieht, dass Preiswasserhausböttcher unseren Freund Salt bereits in ein intensives Gespräch verwickelt hat. Als er sich nähert, schnappt er noch einige Worthülsen wie »KonTraG-Konformität«, »Financial Risks« und »uneingeschränkter Bestätigungsvermerk« auf.

»Bei mir ist alles klar«, zischt Preiswasserhausböttcher dem Consultant zu, als dieser die beiden erreicht, »Ab jetzt dürfen Sie Ihr Glück versuchen. Ich geh jetzt erst mal zurück ins Office, um meinen Bleistift zu spitzen. Schließlich sollen meine Häkchen doch sauber aussehen!«

»Na, das ging aber fix!«, wendet sich Roland B. Ärger an Salt.

»Ja«, sagt dieser, »der Typ hat ja auch nur einen kurzen Blick in mein Logbuch geworfen und dann gleich bestätigt, dass bei mir keinerlei Risiko erkennbar ist. Ich kann ohne jede Bedenken in die Zukunft segeln.«

»Na, herzlichen Glückwunsch!«, gratuliert ihm Roland B. Ärger. »Aber es kommt noch viel besser für Sie: Schließlich bin ich jetzt da. Wie bereits erwähnt, stellt der Bereich ›Risk Management for the Marine Transportation Services Industry‹ meine Core Competence dar.«

»Interessant«, erwidert Salt, obwohl er ja tief in seinem Herzen davon überzeugt war, dass er selbst der einzige wahre Fachmann auf dem Gebiet des ›Risk Management for the Marine Transportation Services Industry‹ war. »Was haben Sie denn da schon so gemacht?«

»Äh ... nun ja ... so einiges! Beispielsweise weiß ich, wie ein Schiff aussieht!«, erwidert Roland B. Ärger mit stolzgeschwellter Brust.

Als er jedoch den misstrauischen Blick in Salts Augen sieht, beeilt er sich hinzuzufügen: »Sehen Sie, genau das ist ja der große Pluspunkt eines Consultants. Weil ich mich als Generalist nicht mit den Detailproblemen eines bestimmten Fachgebiets aufhalte, bin ich vor jeder Form der

Betriebsblindheit gefeit und kann meine Clients objektiv und neutral beraten.«

Kaum da er den Satz vollendet hat, keimt in Roland B. Ärger die dunkle Ahnung auf, dass Salt auch diese Begründung nicht vollständig überzeugen wird. Ganz gegen seine übliche Gewohnheit entscheidet er sich, seine Kompetenz durch Sachargumente unter Beweis zu stellen: »Ich sag ja immer: ›Risk Management is Information Management.‹ Nur durch die Einbeziehung aller Mitarbeiter in den Prozess der Risikoidentifikation und …«

»Ha – da bin ich aber ganz anderer Meinung«, bellt ihn Salt an, »mit solchen populistischen Parolen können Sie vielleicht bei einem verkappten Sozi wie Sugar punkten. Ich dagegen bin froh, wenn mir keiner reinredet!«

›Hoppla‹, denkt sich Roland B. Ärger, ›da hätte ich mich doch fast in eine Sackgasse manövriert.‹ Andererseits ist er natürlich heilfroh, endlich einmal einen Kunden zu treffen, der genau weiß, was er will, und das dann auch noch klar und offen sagt.

»Aha … äh … Ja! Exakt! Sie haben ja soooo recht! Genau meine Rede!«, korrigiert er sich, »am besten, man gibt nichts aus der Hand. Da weiß man, was man hat. Zufällig habe ich gerade ein genau auf Ihre individuellen Bedürfnisse zugeschnittenes 08/15-Konzept dabei.«

Ärger kramt in seinem Pilotenkoffer, zieht eine bunte Präsentation heraus und drückt sie Salt in die Hand.

»In Ihrem Fall würde ich folgendes Vorgehensmodell empfehlen: Nach der Vorstudie triggern wir im Rahmen eines Initialisierungsworkshops den Kick-off zur Ist-Analyse, an die sich die Soll-Konzeption anschließt. Aus der darauf aufbauenden Gap-Analyse leiten wir dann Empfehlungen für eine ganzheitliche und nachhaltige Implementierung des Risikomanagementskonzepts ab. Begleitet wird das Ganze natürlich durch eine entsprechende Quality Assurance und ein professionelles Project Management durch unser PMO. Und am Schluss drücken wir Ihnen noch ein schönes Gutachten in die Hand. … Machen wir's so oder haben Sie noch irgendwelche Change-Requests?«

»Und dann?«, fragt Salt, dessen linke Hirnhälfte sich gerade auf die verzweifelte Suche nach dem Sinn hinter Roland B. Ärgers Aussagen gemacht hatte.

»Nun ja«, erklärt ihm der Consultant. »aus der Erfahrung meiner letzten Projekte kann ich Ihnen eigentlich jetzt schon sagen, was am Schluss dabei rauskommt: Feuern Sie einfach Ihre gesamte Crew! Damit können Sie den wichtigsten Risikofaktor mit einem Schlag ausschalten.«

»Interessant!«, meint Salt, der mit diesem Gedanken insgeheim schon des Öfteren geliebäugelt hatte.

Roland B. Ärger ist sichtlich erfreut über die Reaktion des Kapitäns. »Na wunderbar! Dann sind wir uns also einig. Meine Teamassistentin wird Sie morgen kontaktieren! Mit der können Sie dann auch die Details der Rechnung abklären!«

Risikokultur

An Bord eines Schiffes hat der Kapitän immer den absoluten Oberbefehl. Selbst wenn ein Schiff so lang ist wie drei Fußballfelder und Kanäle befährt, in denen es nur eine Handbreit Wasser unter dem Kiel hat, gibt es nur eine einzige Autoritätsperson. Wie schon der Begriff »Kapitän« (von lateinisch *capitaneus*, zu *caput*, das Haupt) sagt, liegt die zentrale Steuerung des gesamten Schiffes allein in der Hand eines einzigen Mannes.

In Situationen, in denen es gilt, schnelle Entscheidungen zu treffen, bringt diese Art der Alleinherrschaft zweifellos erhebliche Vorteile mit sich. Taucht vor dem Schiff plötzlich ein Eisberg auf, bleibt schlichtweg keine Zeit mehr um – unter Einbeziehung der gesamten Mannschaft – einen langwierigen Prozess der basisdemokratischen Meinungsbildung anzustoßen oder Kommissionen und Gremien zu bilden, die zu dieser Problemstellung erst mal einige Gutachten erstellen sollen ... zumal dann auch noch die Gefahr besteht, dass diejenigen, die das Hindernis links umfahren wollen, sich mit denjenigen, die das Hindernis rechts umfahren wollen, nach langen, zähen Verhandlungen letztlich auf den »guten Kompromiss« einigen, das Schiff geradeaus weiterlaufen zu lassen.

Trotz der Vorteile, die eine autokratische Kommandostruktur in kritischen Situationen bietet, birgt sie natürlich auch erhebliche Risiken: Wenn alles nur an einem hängt, können dessen Fehler verheerende Auswirkungen haben. Dementsprechend ist die Geschichte der Seefahrt auch voller schrecklicher Tragödien, die mehr oder minder durch die fatalen Fehlentscheidungen eines einzigen Mannes verursacht wurden, der unfähig und/oder überfordert war:

- Am frühen Morgen des 15. Juni 1904 lag der Ausflugdampfer *General Slocum* im Hafen von New York. Die heutige Reise sollte von Lower Manhattan am East River nach Huntington Bay führen, einem Naturparadies im Long Island Sund. Zur Verpflegung der etwa 1500 Passagiere an Bord verluden die Arbeiter Hunderte von Kisten mit Erfrischungsgetränken, die mit Stroh gepolstert und gesichert waren. Nur wenige Minuten nachdem die *General Slocum* vom Pier abgelegt hatte, entzündete sich das Verpackungsstroh durch eine kaputte Öllampe, vielleicht aber auch durch eine achtlos weggeworfene Zigarette. Kurze Zeit später stand das Heck lichterloh in Flammen. Kapitän van Schaick, der schon öfter wegen navigatorischer Schnitzer aufgefallen war, setzte das Schiff nicht auf den nahe gelegenen Strand, sondern entschloss sich, eine kleine Insel anzusteuern, die westlich des heutigen La Guardia-Airports liegt. Daher stellte er das Schiff in die Strömung und setzte es somit dem auffrischenden Wind aus, der nun direkt von hinten blies. Wortwörtlich in Windeseile stand nun das komplette Schiff in Flammen. Die Passagiere sprangen von Bord und über tausend von ihnen ertranken in der starken Strömung.

- Am 2. Juli 1816 erlitt die französische Fregatte *La Méduse* in der Bucht von Arguin Schiffbruch. Das Schiff war das modernste und schnellste seiner Zeit. Aufgrund eines Navigationsfehlers lief es trotzdem bei ruhiger See und guter Sicht auf die in allen Seekarten verzeichnete Arguin-Bank nahe der afrikanischen Küste. Der Kapitän war nicht nur die meiste Zeit der Reise betrunken, sondern machte auch dem Namen seines Schiffes alle Ehre, indem er die Hinweise und Warnungen seiner Offiziere konsequent ignorierte – in der griechischen Mythologie war Medusa eine der Gorgonen, die den Betrachter bei Blickkontakt sofort versteinerte. Nach der Havarie trieben 152 Schiffbrüchige 27 Tage lang hilflos und verzweifelt auf einem eiligst zusammengezimmerten Floß herum. Da dieses völlig überladen war und zu sinken drohte, warf man einige Passagiere ins Meer; später soll es dann auch noch zu Kannibalismus gekommen sein. Nach weiteren dreizehn Tagen wurden die übrig gebliebenen fünfzehn Floßbesetzer durch die Brigg *Argus* geborgen. Wer die Tragik der Katastrophe zumindest visuell miterleben möchte, sollte sich beim nächsten Besuch des Pariser Louvre das Gemälde *Floß der Medusa* von Théodore Géricault (1791–1824) genauer anschauen – Kenner von »Asterix & Obelix« werden übrigens im Band X (»Asterix als Legionär«) eine Parodie des Bildes entdecken. Schuld an diesem Drama waren einzig und allein die Rumbuddel und die Unfähigkeit von Kapitän Hugues Du Roy de Chaumareys, dessen Königstreue mit einem Kapitänsposten belohnt worden war, obwohl er keinerlei nautische Erfahrung vorweisen konnte.

- Beim Wettrennen der betrunkenen Kapitäne um die Schifffahrtstragödienmeisterschaft düfte Hugues Du Roy de Chaumareys damit noch knapp vor Joseph Hazelwood ins Ziel kommen, dem Kapitän der *Exxon Valdez*. Diese war 1989 im Prinz-William-Sund auf das Bligh-Riff gelaufen und hatte rund 40 000 Tonnen Rohöl verloren. Nach der Havarie war die einmalige, weitgehend unberührte Küstenlandschaft Alaskas für Jahre auf einer Länge von etwa 2 000 Kilometern mit einer schmierigen Ölschicht verschmutzt. Hinzu kamen Tausende von verendeten Seelöwen, Seehunden und Seeottern sowie etwa 675 000 tote Vögel. Unglücksursache: Der 3. Offizier steuerte unberechtigterweise den Tanker, weil der Kapitän betrunken in seiner Koje lag.
- Ein weiteres Beispiel aus der jüngeren Vergangenheit ist schließlich der Untergang der *Herald of Free Enterprise* der Fährgesellschaft Townsend-Thoresen am 6. März 1987. Die Fahrt von Dover nach Zeebrügge verläuft noch ohne Zwischenfälle. Während des zweistündigen Aufenthalts wird die Fähre ent- und beladen. Um bei dem herrschenden Hochwasser auf einem Level mit der Laderampe am Dock zu sein, werden die Ballasttanks geflutet. Nach dem Ablegen wendet die *Herald of Free Enterprise* im Hafenbecken und verlässt Zeebrügge wieder in Richtung Dover. Die Männer auf der Brücke gehen davon aus, dass die Bugtore geschlossen sind, haben aber keinerlei technische Unterstützung (z. B. Anzeigen, Kameras oder Ähnliches), um dies zu überprüfen, und offensichtlich auch keine Lust, mal kurz nach unten zu gehen und

selbst nachzusehen. Mit der hoffnungsvollen Vermutung, »sie werden schon zu sein«, nimmt die *Herald of Free Enterprise* mit ihren 8 000 PS langsam Fahrt auf. An dieser Stelle sei nochmals daran erinnert, dass die Ballasttanks im Bugbereich geflutet waren. Erst sehr langsam wird das Wasser wieder zurückgepumpt. Plötzlich ein Anruf auf der Brücke: *»Steve, da kommt Wasser runter!« – »Wo kommt Wasser runter?« – »Es kommt die Treppen runter!« – »Okay, John, ich hole den Zimmermann.«* Doch bevor der Zimmermann aktiv werden kann, legt sich die *Herald of Free Enterprise* hart nach backbord, kann sich aber wieder aufrichten. Kurze Zeit später legt sich das Schiff nach steuerbord und daraufhin nochmals nach backbord. Dann wieder nach steuerbord, nach backbord und so weiter ... schließlich bleibt die *Herald of Free Enterprise* mit sperrangelweit geöffneten Bugtoren auf einer Sandbank liegen – Glück im Unglück, denn dadurch kamen »nur« 193 Menschen ums Leben. Das Beispiel der *Estonia* hat gezeigt, was passiert, wenn keine Sandbank in der Nähe ist: Bei dieser Katastrophe am 28. September 1994 sind 852 Menschen ertrunken.

Auch losgelöst von diesen ebenso spektakulären wie tragischen Einzelfällen, spielt der Risikofaktor *Mensch* bei Havarien in der christlichen Seefahrt die alles überragende Rolle – Schätzungen zufolge sind über 90 Prozent aller Unfälle auf das Fehlverhalten Einzelner zurückzuführen. Sicherlich sind solche Zahlen mit Vorsicht zu genießen, da man schlussendlich immer beim Menschen landet, wenn man sich in der Ursachenkette weit genug zurückhangelt – notfalls ist Eva an allem schuld, weil sie vom Baum der Erkenntnis genascht hat.

Gott sei Dank ziehen die drastischen Fehlentscheidungen, die bisweilen von Unternehmensführern getroffen werden, im Allgemeinen weit weniger dramatische Folgen nach sich als die von unfähigen Kapitänen verursachten Havarien: Versenkt ein Unternehmenskapitän sein »Schiff«, verlieren nicht Hunderte von Menschen ihr Leben, sondern »nur« ihren Arbeitsplatz oder ihr Kapital.

Doch auch die hier verursachten Schäden sind zum ganz überwiegenden Teil auf menschliches Versagen zurückzuführen. Empirische Untersuchungen von Insolvenzen bei mittelständischen Einzelhandelsunternehmen kommen beispielsweise zu dem Ergebnis, dass in über 85 Prozent der Fälle der Unternehmer die Hauptursache der Krise war. Als wichtigste Einzelursachen werden unzureichende Fachbildung, Berufserfahrung sowie fehlende unternehmerische Veranlagung und charakterliche Mängel aufgeführt. Auch die *Creditreform*, die größte europäische Auskunftei und Inkassoorganisation, kommt zu einem ähnlichen Ergebnis: Managementfehler sind in den meisten Fällen die entscheidende Ursache für Unternehmenszusammenbrüche.

Wie auf hoher See gilt auch im Wirtschaftsleben, dass in bestimmten Situationen wichtige Entscheidungen schnell und eindeutig getroffen werden müssen. Und das geht nun mal am besten, wenn ein (und die Betonung liegt auch hier ganz klar auf *ein*) Anführer existiert, der den anderen sagt, wo's lang geht. Allerdings machen viele Unternehmenskapitäne den Fehler und vergessen die oben genannte Einschränkung. Sie sagen ihrer Mannschaft nicht nur in bestimmten Situationen, wo's lang geht, sondern weiten ihre vermeintliche Allmacht auf alle Situationen aus.

Die Führungsphilosophie dieser Sonnengötter – zu denen ja auch unser Freund Salt eine gewisse Verwandtschaft nicht ganz leugnen kann – besteht darin, unter allen Umständen alle Fäden selbst in der Hand zu halten (und zwar ziemlich fest) und sich auf keinen Fall von irgendjemandem reinreden zu lassen. Gerechtfertigt wird diese Geisteshaltung dann in aller Regel mit dem so genannten Highlander-Prinzip (»Es kann nur einen geben!«) oder ähnlichen Führungsmaximen (»Wenn alle zuständig sind, ist im Endeffekt keiner zuständig.« – oder, um nochmals unseren Freund Salt zu zitieren: »Auf jedem Schiff, das dampft und segelt, gibt es EINEN, der die Sache regelt.«). Kommunikation mit anderen wird als Zeichen der eigenen Schwäche und latente Gefährdung der eigenen, absoluten Autorität interpretiert.

Offensichtlich übersehen die selbst ernannten Unternehmensdiktatoren dabei einen kleinen, aber entscheidenden Unterschied: Selbst wenn es gute Gründe gibt, sich selbst die letzte Entscheidung vorzubehalten: Was spricht dagegen, auf dem Weg zu dieser Entscheidung so weit wie nur irgendwie möglich vom Wissen und Können anderer zu profitieren? Wie soll ein einzelner Firmenlenker oder Kapitän die immense Komplexität eines Unternehmens oder Schiffes allein erfassen und bewerten? Nur bei einer teamorientierten Unternehmens- und Risikokultur wird es möglich sein, Risiken effizient zu analysieren und zu steuern. Die Mitarbeiter müssen sich als Teil eines umfassenden Risikomanagements verstehen – auf dem Schiff wie im Unternehmen.

Ein gelebtes und effizientes Risikomanagement funktioniert ähnlich dem menschlichen Organismus oder anderer Netzwerkstrukturen in der Natur. Jede Zelle und jedes Organ hat eine spezifische Aufgabe. Und trotzdem: In einem perfekten Netzwerk arbeiten Gehirn, Herz und Nervensystem zusammen. Netzwerke sind anpassungsfähig und flexibel, haben gemeinsame Ziele, greifen perfekt ineinander und vermeiden kontraproduktive Hierarchien. Übertragen auf Risikomanagement bedeutet dies, dass verschiedene Sensoren und Sinne (Auge, Ohr, Nerven etc.) die Risiken aufnehmen und sie an eine zentrale Stelle weiterleiten (Gehirn). Und insgesamt entscheidet die strategische Ausrichtung des Systems (Unternehmens) über das Risikoverständnis.

Sugar hat diese Prinzipien offensichtlich verinnerlicht und praktiziert auf seinem Schiff einen offenen, teamorientierten Führungsstil: Wie wir bereits im letzten Kapitel erfahren haben, hat er mit seiner *heiligen Dreifaltigkeit* beispielsweise einen Zirkel um sich geschart, der aus ausgewiesenen nautischen Spezialisten besteht: Smørebrøt, der Smutje, der lange genug zur See gefahren ist, um alles erlebt zu haben (und das meiste sogar mehrfach), was es auf einem Schiff nur zu erleben gibt. Daniel Düsenhieb, den es nicht nur vor jedem Wetterumschwung in der Kniekehle juckt, sondern der auch ein exzellenter Fachmann für Monsterwellen ist. Und schließlich John Wood, Schiffszimmermann und gleichzeitig Echolot-Experte.

Zudem hält der Kapitän der *Pontos* vor jeder neuen Überfahrt eine Besprechung mit der gesammelten Crew ab, in der alle Mitglieder seiner Mannschaft ihre Gedanken offen artikulieren können. Er befragt seine Männer systematisch und lebt eine offene Kommunikationskultur. Sugar ist der Meinung, dass jeder auf dem Schiff mitdenken und auch wissen sollte, worauf er zu achten hat. Das bedeutet nicht, dass – wie von Salt fälschlicherweise vermutet wird – letztlich der Kombüsenjunge entscheidet, wohin die Reise geht. Aber zu bestimmten Themen kann bestimmt auch er wertvolle Hinweise geben. »Schließlich sehen vier Augen immer mehr als zwei«, stellt Sugar zu Recht fest und (kleiner Appetithappen!) greift damit unseren Ausführungen zu den Zyklopen im nächsten Kapitel vor. Deshalb betrachtet er seine »Mit-Arbeiter« auch eher als »Mit-Unternehmer«! Und unser Kapitän hat schon verdammt viele brenzlige Situationen erlebt, in denen er höchst dankbar dafür war, die Ratschläge seiner Mannschaft ernst genommen zu haben.

Aufgrund seiner Führungs- und Kommunikationsphilosophie hat Sugar über die letzten Jahre erreicht, dass an Bord der *Pontos* eine offene Risikokultur gelebt wird: Jeder denkt mit, jeder weiß, was er zu tun hat und jeder achtet darauf, alle Risiken in seinem Verantwortungsbereich in den Griff zu bekommen und zu behalten. Die Kontrolle dieses Systems findet dabei nur in sehr begrenztem Maße durch Sugar statt. Vielmehr kontrollieren sich die Mitarbeiter gegenseitig und auch selbst.

Da jedem in der Mannschaft ein Teil der Gesamtverantwortung übertragen wurde, ist auch jeder in der Mannschaft bereit, seinen Teil der Gesamtverantwortung zu tragen. Der Schweizer Berater und Unternehmer C. P. Seibt sagte einmal: »Stell Dir vor, hundert Menschen stehen an einem sehr heißen Tag in einer Reihe. Gib dem Ersten ein Pfund Butter, damit er das weiterreicht. Am Ende ist keine Butter mehr da, niemand hat gestohlen, aber alle haben fettige Hände.« Auch Chancen und Risiken kann man nicht dadurch nutzen beziehungsweise loswerden, indem man sie an andere abschiebt, sondern ausschließlich dadurch, dass einer aus der Reihe ausschert, in die Kombüse geht und die »Chancen- und Risikobutter« in den Kühlschrank legt.

Wie wir gesehen haben, scheint Salt von dieser Einstellung wenig zu halten. Im Gegensatz zu Sugar legt er keinen Wert darauf, das Know-how seiner Mannschaft zu nutzen. Anders als auf der Pontos ist seine Mannschaft nicht für Risiken sensibilisiert und agiert daher auch wenig risikobewusst. Woher soll's auch kommen? Wechselt die Mannschaft schneller als der Essensplan in der Kombüse, wird es fast unmöglich, eine wirksame Risikokultur zu etablieren. Da die Mannschaft aus Kostengründen bei jeder Fahrt neu angeheuert wird, haben die Seeleute keinerlei Anreize, die Ausrüstung in Ordnung zu halten oder die Bedienung aller Instrumente und Geräte richtig zu lernen. Im nächsten Hafen (sofern man denn dort ankommt) geht es sowieso zuerst in die Hafenbar, und danach heuert man halt beim nächsten Schiff an. Wenn ein Seemann diese Einstellung hat, kann der Spruch »Nach mir die Sintflut« schnell wortwörtliche Bedeutung erlangen.

Wie gesagt – Salt verlässt sich am liebsten auf sich selbst. Allenfalls externe »Experten«, die weniger durch ihre Sachkompetenz als durch teure Maßanzüge, farblasergedruckte PowerPoint-Präsentationen, Visitenkarten aus handgeschöpftem Büttenpapier und eindrucksvolle Titel beeindrucken, werden noch als Gesprächspartner akzeptiert – allerdings auch nur dann, wenn sie seiner Meinung sind.

Dipl.-Kaufmann Dr. Piet Preiswasserhausböttcher von der »Preiswasserhausböttcher Treuhand-Gesellschaft Aktiengesellschaft Wirtschaftsprüfungsgesellschaft Steuerberatungsgesellschaft« ist ihm beispielsweise gleich sympathisch, weil er bereits nach einem kurzen Blick in sein Logbuch feststellt, dass Salt quasi risikofrei ist und nichts zu befürchten hat.

Damit legt der alte Seebär eine Verhaltensweise an den Tag, die seit 1998 auch in deutschen Unternehmen oft anzutreffen ist: Wie bereits erwähnt, verpflichtet das »Gesetz zur Kontrolle und Transparenz im Unternehmensbereich« (KonTraG) die Vorstände beziehungsweise Geschäftsführer größerer Unternehmen zur Implementierung eines geeigneten Überwachungs- beziehungsweise Frühwarnsystems. Leider verliert das KonTraG jedoch kein Wort darüber, wie ein entsprechendes Risikomanagementsystem in der Praxis auszusehen hat, das diese Voraussetzungen erfüllt. Dies wird vielmehr vom Wirtschaftsprüfer beurteilt, der allzu oft nur ins Logbuch schaut und dann in seinem Prüfbericht ein Häkchen hinter die Zeile »KonTraG-konformes Risikomanagement vorhanden?« macht ... oder auch nicht ... wobei Letzteres aber eher selten vorkommt. Meistens wurde das Unternehmen bei der Konzeption und Implementierung des Risikomanagementsystems nämlich von der betreffenden Wirtschaftsprüfungsgesellschaft oder ihrer »natürlich organisatorisch und wirtschaftlich strengstens getrennten und damit völlig objektiven« Consulting-Tochter oder -Schwester beraten.

Wie im Kapitel über das Thema *Risikowahrnehmung* ja schon angeklungen ist, verursacht eine derartige Einstellung bei einem »richtigen« Risikomanager nicht gerade die massenhafte Ausschüttung von Glückshormonen. Viel schlimmer sind allerdings die Wirkungen, die ein häkchenfixierter Abschlussprüfer bei den jeweiligen Verantwortlichen hervorrufen kann: Eine logische Sekunde, nachdem das Häkchen gemalt wurde, bricht in der Führungsetage kollektives Schulterklopfen aus, Sektkorken knallen und sogar der ansonsten ungeliebte Risikomanager kann ausnahmsweise mal aus seiner sozialen Isolation ausbrechen und kriegt zur Feier des Tages sogar ein Häppchen vom Büfett ab. »Hurra, hurra – alles ist gut!«, schallt es über die Gänge des obersten Stockwerks der Firmenzentrale. »Sämtliche gesetzlichen Anforderungen wurden erfüllt! Dipl.-Kaufmann Dr. Piet Preiswasserhausböttcher hat es uns gerade bestätigt! War doch 'ne gute Entscheidung, sich beim Thema ›Risikomanagement‹ auf das absolute Minimum zu beschränken!«

Dass die Maßstäbe, nach denen der Wirtschaftsprüfer das eingerichtete Überwachungssystem beurteilt, nicht unbedingt die gleichen sind, nach denen die Unternehmensführung ein umfassendes und ganzheitliches Chancen- und Risikomanagementsystem implementieren sollte, wird im Rausch der bestandenen Abschlussprüfung leider oft vergessen. Neben den hervorragenden Verdiensten, die sich die damalige Bundesregierung mit dem *Gesetz zur Kontrolle und Transparenz im Unternehmensbereich* um das Thema Risikomanagement erworben hat, erweist sich in diesem Punkt – das Wortspiel sei uns verziehen, denn wir können's uns jetzt einfach nicht verkneifen – das KonTraG manchmal leider als *KonTraproduktiv*. Auch beim Thema Risikomanagement lässt sich Mitdenken nicht gesetzlich verordnen.

Ähnlich eindrucksvolle Wirkungen beim Aufbau einer Risikokultur wie die Häkchenmacher aus der Wirtschaftsprüferkaste zeigen auch die meisten Riskmanagement-Consultants. Anstatt sie mit einem höflichen »Lern erst mal Deutsch, bevor du wiederkommst« zur Tür zu begleiten (absperren nicht vergessen!), kauft man ihnen ebenso dicke wie vor Anglizismen strotzende Gutachten ab und wundert sich dann, warum der beabsichtigte Aufbau einer Risikokultur in der Realität ganz anders zu verlaufen scheint, als er auf der bunten PowerPoint-Folie dargestellt wurde.

Nicht nur um zu vermeiden, dass wir unser – ohnehin nicht gerade üppig bemessenes – Autorenhonorar direkt an unsere Anwälte weiterreichen müssen, die mit Klagen beleidigter Wirtschaftsprüfer und Unternehmensberater überschüttet werden, möchten wir an dieser Stelle jedoch nochmals einen Punkt ganz klar stellen: Natürlich existieren auch beim Thema Risikomanagement zahllose Bereiche, in denen der objektive Rat oder die Unterstützung eines Außenstehenden sinnvoll, in vielen Fällen sogar unbedingt notwendig ist. Egal ob es sich um die Implementierung geeigneter Risikomanagement-Informationssysteme, die Unterstützung bei der Risikoidentifikation, die Auswahl eines optimalen Methodenmix zur Risikobehandlung, den Schutz der IT-Systeme vor externen Eingriffen, die Modellierung hochkomplexer Simulationsmodelle zur Abschätzung von Forderungsausfällen und so weiter, und so fort handelt – in praktisch allen Fällen können Consultants dabei helfen, das Risikomanagement wesentlich effektiver und effizienter aufzubauen, als es in Eigenregie jemals möglich wäre. Insbesondere können sie auch dabei helfen, Risiken zu erkennen, die der »betriebsblinde« Mitarbeiter gar nicht mehr sieht.

Die große Ausnahme bleibt jedoch die Schaffung einer offenen und gelebten Risikokultur. Beim Thema Risikokultur stellt sich die Frage »Make or buy?« einfach nicht. Risikokultur muss sich im Unternehmen entwickeln und wachsen.

Die Schlüsselrolle bei dieser Herkulesaufgabe kommt zuallererst dem Vorstand beziehungsweise der Geschäftsleitung zu. Ohne aktive (wieder drei dicke Ausrufezeichen: !!!) Unterstützung des Kapitäns wird es niemals gelingen, eine offene Risikokultur im Unternehmen zu entwickeln.

Zum einen muss der Kapitän dafür sorgen, dass jeder seiner Mitarbeiter zum Risikomanager wird. Das heißt nicht mehr, aber auch nicht weniger, als sich ein paar Verhaltensweisen von Käpt'n Sugar anzueignen, also: Verantwortung delegieren, den Mitarbeitern zuhören und sie auf allen Ebenen miteinbeziehen, nach innen und außen Transparenz schaffen. Welche Motivation hätten Sie, wenn Sie der Steuermann bei unserem Kapitän Salt wären? Der betrachtet Sie eh nur als Laien und interessiert sich überhaupt nicht für Ihre Meinung. Werden Sie dann irgendwelche Anstrengungen unternehmen, ihn auf potenzielle Risiken hinzuweisen? Eher nicht, oder?

Zum anderen müssen die Anregungen der Mitarbeiter oder anderer natürlich auch ernst genommen werden und auf irgendeine Art und Weise Wirkung zeigen. Dies bedeutet, sich gegenüber Kritik zu öffnen, die eigenen Ansichten beständig zu hinterfragen und Fehler einzugestehen.

Dass gerade Letzteres vielen Führungskräften unendlich schwer zu fallen scheint, zeigen nicht zuletzt drei der spektakulärsten Firmenzusammenbrüche der letzten Jahre, bei denen eine nicht vorhandene oder völlig unzureichende Risikokultur eine ganz entscheidende Ursache des Untergangs war:

- Eine erschreckende Resistenz und Ignoranz gegenüber interner und externer Kritik muss beispielsweise beim amerikanischen Ex-Energieriesen *Enron* diagnostiziert werden: Bereits Ende August 2001 wurde der CEO Kenneth Lay durch Sherron Watkins – Vice President of Communications bei Enron – darüber informiert, dass der CFO Andrew Fastow mithilfe von so genannten »Special Purpose Entities« (eine Vielzahl von Tochter- und Schattengesellschaften, die bei Enron benutzt wurden, um Schulden zu verstecken und Umsätze vorzutäuschen) versuchte, die miserable Vermögenslage des Unternehmens zu vertuschen. Watkins schrieb an Lay: »Ich glaube, dass wir in einer Welle von Finanzskandalen untergehen werden.« Dies war für Lay aber keinesfalls ein Anlass, auf seine Mitarbeiterin zu hören und die genannten Praktiken gründlicher zu untersuchen. Vielmehr beauftragte er zwar die Anwaltskanzlei Vinson & Elkins, die Aussagen von Watkins zu überprüfen, verlangte jedoch explizit, »... die Bilanzierungspraktiken des Wirtschaftsprüfers [Arthur Andersen, Anmerkung d. Verf.] dabei nicht zu hinterfragen«. Sinnigerweise hatte Watkins ihren Chef zuvor ausdrücklich gebeten, Vinson & Elkins keinesfalls in die Untersuchung einzuweihen. Sie befürchtete Interessenkonflikte, da auch die Kanzlei in zahlreiche recht fragliche Transaktionen verstrickt war. Einige Tage später verliefen die Untersuchungen ergebnislos im Sande. In Unternehmen mit ausgeprägter Risikokultur wäre ein derartiges Verhalten kaum vorstellbar. Enrons Leitspruch war jedoch »Endless Possibilities«, und nach diesem Motto wurde auch konsequent gehandelt. So spricht beispielsweise der Untersuchungsbericht der Powers-Kommission, die nach der Enron-Pleite zur Untersuchung des Bilanzskandals eingesetzt wurde, von »... einer Firmenkultur, die jeden Mitarbeiter aufforderte, Grenzen zu testen, und dabei über ihr Ziel hinausschoss«.
- Auch im Falle der *KirchGruppe* drängt sich der Verdacht einer unzureichenden Risikokultur förmlich auf. Der Konzern war

als faktisch inhabergeführtes Unternehmen konsequent auf ihren Gründer (und einen kleinen Führungszirkel loyaler Manager wie z. B. Dieter Hahn und Jan Moijto) ausgerichtet, der praktisch alle Fäden in der Hand hielt. Dass die Etablierung einer offenen und kritischen Risikokultur im Rahmen solch hierarchischer Machtstrukturen auf größte Schwierigkeiten stoßen muss, liegt auf der Hand. Bei einigen Mitarbeitern wurde die vorbehaltlose Bewunderung für den »Übervater« Leo Kirch selbst durch den Insolvenzantrag nicht beeinträchtigt: Georg Gaffron, Geschäftsführer des (inzwischen ebenfalls insolventen) Senders TV-Berlin prägte zum Beispiel den Satz: »Der gemeinsame Untergang mit einem Unternehmer wie Leo Kirch – selbst der ist noch eine große Ehre, gemessen am jämmerlichen Dasein so vieler anderer.« Zweifellos setzte Leo Kirch gern alles auf eine Karte. Der Einstieg in den Filmhandel oder der Aufbau seiner privaten Senderkette waren Vabanquespiele, die er allerdings glanzvoll gewonnen hatte. Auf diese bewährten Praktiken griff er auch beim Einstieg ins Pay-TV-Geschäft zurück. Beim Aufbau von Premiere, seinen hochdotierten Verträgen mit den Filmstudios oder dem Kauf der überteuerten Sportrechte riskierte er wieder alles. Selbst als die ersten ernsthaften Probleme offensichtlich wurden, kam der Mythos der Unbesiegbarkeit nicht ins Wanken. Bezeichnenderweise konzentrierte sich die Berichterstattung über die Kirch-Krise im Frühjahr 2002 primär auf die Frage, wie Leo Kirch es auch diesmal wieder schaffen wollte, seinen Kopf aus der Schlinge zu ziehen. Dass ihm dies irgendwie gelingen werde, stand für die meisten Beobachter außer Frage – die Kritik an seinem Krisenmanagement hielt sich dementsprechend in engen Grenzen.

- Dass letztlich auch die Bruchlandung der *Swissair* auf eine unzureichende Risikokultur zurückgeführt werden kann, zeigt sich unter anderem daran, dass in der Schweiz unmittelbar nach der Insolvenz der Airline intensive Diskussionen um Corporate Governance – also »gute« und insbesondere transparente Unternehmensführung – in Schweizer Unternehmen einsetzte. Dies erschien auch dringend erforderlich, legte der Fall *Swissair* doch erhebliche Defizite in diesem Bereich offen: Zum einen sieht die Unternehmensverfassung der Schweiz keine klare Trennung zwischen operativer Leitung und Kontrollorganen vor, sodass im Verwaltungsrat eines Unternehmens oftmals dieselben Personen sitzen wie in dessen Vorstand. Zudem ist gesetzlich festgelegt, dass die Mehrheit der Mandatsträger Schweizer Staatsbürger oder zumindest dauerhaft in der Schweiz wohnhaft sein müssen. Wie beispielsweise das US-Magazin *Business Week* sehr treffend formulierte, herrsche aufgrund dieser Bestimmung in der eidgenössischen Wirtschaft der »reine Inzest«. Dass sich innerhalb dieses System des bilateralen »Gebens und Nehmens« und »Leben und leben Lassens« kaum eine effiziente Risikokultur ausbilden kann, erscheint wenig überraschend. Zudem sind auch Kontrollen von politischer Seite kaum wirksam. Der Umstand, dass die Abgeordneten im Schweizer Nationalrat keine Berufspolitiker sind, sondern nur relativ geringe Aufwandsentschädigungen erhalten, erhöht zwangsläufig deren Anfälligkeit für Lobbyismus vonseiten der Wirtschaft. Auf gut Deutsch: Wenn er es darauf anlegt, kann ein Schweizer uneingeschränkter Alleinherrscher in seinem Unternehmen sein und muss keinerlei Angst vor interner oder externer Kritik haben. Dementsprechend stießen auch alle Warnungen auf taube Ohren – »als nationales Symbol war die Swissair tabu«: So hatte zum Beispiel Christopher Chandiramani, Analyst bei der Investmentbank Credit Swisse First Boston (CSFB), bereits im Juli 2000 eine »Management- und Finanzkrise« bei der Swissair vorhergesagt. Die Analyse wurde jedoch unmittelbar nach ihrer Veröffentlichung wieder eingezogen, kurz darauf wurde Chandiramani entlassen. Der damalige CEO der CSFB, Lukas Mühlemann, war zu dieser Zeit übrigens auch Verwaltungsrat der Swissair-Muttergesellschaft SAirGroup.

Wie man sieht, hatte es in allen drei Fällen nicht an kritischen Warnungen gemangelt, sondern an der Bereitschaft, diese zu hören und ernst zu nehmen. Alle drei Fälle zeigen jedoch auch, dass der Aufbau einer Risikokultur ironischerweise umso schwieriger ist, je erfolgreicher ein Unternehmen in der Vergangenheit agiert hat: Wie kaum eine andere Airline stand die Swissair für Solidität, Sicherheit und Zuverlässigkeit. Enron war im Jahr 2000 vom Magazin *Fortune* zum sechsten Mal in Folge zum »innovativsten Unternehmen der USA« gekürt worden und stand in der Kategorie »Qualität des Managements« auf Platz eins der Liste der »Most Admired American Companies«. Kirch galt als Vorzeigeunternehmer, der praktisch aus dem Nichts den bedeutendsten deutschen Medienkonzern geschaffen hatte. Allerdings mussten alle drei Unternehmen schmerzhaft erfahren, dass eine glänzende Vergangenheit keineswegs auch Garant für eine glänzende Zukunft ist: Enron, Kirch und Swissair sind somit in gewisser Weise auch tragische Opfer ihres eigenen Erfolgs – eines Erfolges, der die Kapitäne eingelullt und taub gemacht hatte.

Wie das folgende Zitat von E. J. Smith – dem Kapitän der Titanic – zeigt, kann sich die trügerische Sicherheit, in der sich erfolgreiche Menschen nur allzu oft wiegen, nicht nur modernen Unternehmenskapitänen zum Verhängnis werden: »*Wenn mich jemand fragt, wie ich am besten meine Erfahrungen aus 40 Jahren auf hoher See beschreiben würde, so könnte ich diese Frage lediglich mit ›unspektakulär‹ beantworten. Natürlich gab es schwere Stürme, Gewitter und Nebel, jedoch war ich nie in einen Unfall jeglicher Art verwickelt, der es wert wäre, über ihn zu berichten. Ich habe während dieser langen Zeit kaum ein Schiff in Seenot erlebt ... Ich habe weder ein Wrack gesehen noch bin ich selbst in Seenot geraten oder habe ich mich sonst in einer misslichen Lage befunden, die in irgendeiner Form drohte zum Desaster zu werden.*«

Trotz der erschreckenden Häufung von Bilanzskandalen und Unternehmenspleiten in der letzten Zeit wollen wir uns aus diesem Kapitel natürlich nicht mit den oben beschriebenen Horrorszenarien verabschieden. Vielmehr liegt es uns sehr am Herzen, nochmals deutlich zu machen, dass es – außer unserem Freund Salt – in Unternehmen, auf Schiffen und auch überall sonst genügend Kapitäne gibt, denen es gelungen ist, eine exzellente Risikokultur zu etablieren:

Einer der besten Risikomanager und eine der herausragendsten Führungspersönlichkeiten überhaupt ist zweifellos der Polarforscher Sir Ernest Henry Shackleton, geboren am 15. Februar 1874 im County Clare in Irland. Am 5. Dezember 1914 bricht er mit 27 Männern an Bord der *Endurance* (deutsch: Standhaftigkeit, Ausdauer) von Südgeorgien aus auf. Shackleton hatte sich das Ziel gesetzt, als erster Mensch mit Schiff, Hundeschlitten und zu Fuß die Antarktis zu durchqueren. Es sollte ein glänzender Triumph des Abenteurertums werden.

Aber nun der Reihe nach ...

Es wird berichtet, dass Shackleton seine Mannschaft mit der wohl erfolgreichsten Stellenanzeige aller Zeiten fand: »Männer für gefährliche Reise gesucht. Geringer Lohn, bittere Kälte, monatelange völlige Dunkelheit, ständige Gefahr. Sichere Heimkehr zweifelhaft. Ehre und Ruhm im Erfolgsfalle.« Über 5 000 Kandidaten bewarben sich. Schließlich baute Shackleton seine Mannschaft um einen Kern erfahrener und krisenerprobter Fachleute auf. Außerdem wählte Shackleton einen zuverlässigen Stellvertreter, der seine Führungsgrundsätze teilte und vor allem loyal war. Aber er wollte keinen Jasager. Die Idealbesetzung fand er schließlich in Frank Wild, der außerdem noch als Bindeglied zwischen der Mannschaft und dem Boss fungierte. Man berichtet über Wild, dass er das Talent hatte, die Männer dazu zu animieren, genau das zu tun, was erforderlich war, auch ohne etwas zu sagen. Bei der Auswahl aller anderen Mitglieder seiner Expedition waren Shackleton ebenfalls Eigenschaften wie Loyalität, Heiterkeit, Anständigkeit, mentale und physische Stärke, Optimismus, Forscherdrang, Erfahrung und Fachkenntnis die wichtigsten Voraussetzungen, die er erwartete.

Seine Mannschaft war von sehr unterschiedlicher Herkunft und Ausbildung, die Anforderungen an jeden Einzelnen waren hoch. Alle mussten auch bei »niedrigen« Arbeiten mit anpacken und für das Team arbeiten. Für Shackleton war es extrem wichtig, dass jeder zur (Unternehmens-)Kultur passt. Bei den Bewerbungsgesprächen konnte Shackleton den Charakter von Menschen gut und schnell einschätzen und ging auch sehr unkonventionell vor: Die Frage, ob man denn auch singen könne (wobei natürlich umgehend eine Kostprobe des Talents erwartet wurde), gehörte zum Standardrepertoire in Shackletons Fragenkatalog und war insbesondere ein Prüfstein für den Teamgeist eines Mannes. Man stelle sich eine solche Frage heute einmal vor. Sicherlich würde man am geistigen Zustand des Gegenübers zweifeln, es sei denn, man bewirbt sich gerade an der Mailänder Scala.

Soziale Kompetenz, Wertvorstellungen sowie die Lebens- und Arbeitseinstellung der Kandidaten waren Shackleton ebenfalls sehr wichtig. Auch prüfte er die Bewerber in der Praxis und ließ sie Proviantsäcke schleppen, Kartoffeln schälen und die Küche schrubben. Shackleton bemühte sich dabei immer, niemanden mit falschen Versprechungen in die Irre zu führen, sondern sorgte dafür, dass jeder genau wusste, was von ihm erwartet wurde. Neben seinen intensiven Bemühungen um eine stimmige Zusammensetzung des Teams rüstete er die Mannschaft mit modernsten Werkzeugen aus: Schlitten, Skier, Äxte, Seile, Werkzeuge und elektrische Beleuchtung waren damals »state of the art«. Shackleton war der Meinung, dass veraltete, unzuverlässige Werkzeuge nur unnötig belasten. Teamorientiert, wie er war, gab Shackleton den Männern auch ein Mitspracherecht bei der Materialauswahl. Seine besondere Aufmerksamkeit widmete er zudem allen wichtigen Fragen der Ernährung.

Die Strukturierung des Tages wurde exakt geplant. Die Männer erarbeiteten genaueste Anweisungen für Arbeit und Freizeit. Sie kannten keine traditionellen Hierarchien. Vielmehr wurde von jedem erwartet, einen Beitrag zu sämtlichen Arbeiten an Bord des Schiffes zu leisten. So halfen die Matrosen etwa bei wissenschaftlichen Messungen und Proben. Umgekehrt gingen die Wissenschaftler den Seeleuten bei deren täglicher Arbeit zur Hand: Abwechselnd musste jeder die Segel setzen, die Öfen heizen, die

Fußböden schrubben oder die Hunde versorgen. Der positive Nebeneffekt dieser »job rotation« war, dass alle auch einmal über den eigenen Tellerrand hinausschauten und automatisch zu Generalisten wurden. Jedem wurde die gleiche Wertschätzung entgegengebracht und jeder wurde mit dem gleichen Respekt behandelt. Und Shackleton ging mit gutem Beispiel voran: Er verlangte von niemanden, Arbeiten zu verrichten, zu denen er selbst nicht bereit war. Wurde etwa einer seiner Männer krank, so übernahm meist er dessen Pflichten.

Eine der wichtigsten Maximen Shackletons war: sich ein neues Ziel setzen, wenn das alte nicht erreicht werden kann, dieses mit allem Einsatz verfolgen – aber noch vor das Ziel den Menschen selbst an die oberste Stelle setzen. Und so sollte es passieren:

Auf ihrer Reise nach Süden stieß die Endurance bereits am 7. Dezember 1914 – ungewöhnlich weit im Norden – auf das erste Packeis. Trotz des immer dichter werdenden Eises segelte das Schiff weiter Richtung Weddellmeer. Ende Januar 1915 saß die *Endurance* dann endgültig im Packeis fest. Wochenlang versuchte die Mannschaft, das Packeis zu durchbrechen, scheiterte aber immer wieder. Das Schiff war »wie eine Mandel in einer Tafel Schokolade« stecken geblieben. Am 24. Februar verwandelte Shackleton das Schiff schließlich in ein Winterquartier. Und damit begann das vorbildliche Risiko- und Krisenmanagement. Denn alles wurde noch viel schlimmer. Nachdem das Packeis das Schiff gefährlich nach Norden getrieben hatte, wurde es schließlich vom Eis zermalmt und versank. Die Männer mussten beißende Kälte ertragen und verbrachten fast vier Monate in der eisigen Dunkelheit der langen Polarnacht. Das neue Ziel von Shackleton hieß nun: Rettung der Mannschaft. Mit den drei übrig gebliebenen Rettungsbooten landeten die Schiffbrüchigen auf der unbewohnten Insel *Elephant Island*. Shackleton hatte den Plan, mit dem seetüchtigsten der drei Rettungsboote und fünf Männern das 700 Seemeilen nördlich gelegene Südgeorgien anzusteuern, um von der dortigen Walfangstation Hilfe zu holen. Und sie schafften es: Am 10. Mai 1916 landete das Schiff auf der unbewohnten Seite der Insel. Nach weiteren

36 Stunden Fußmarsch und einer Gletscher- und Gebirgsüberquerung erreichten die Männer die Walfangstation und konnten auch die zurückgelassene Mannschaft retten.

Eine wichtige Erkenntnis, die wir von Shackleton mitnehmen sollten, besteht darin, dass Risiko- und Krisenmanagement sowie der Aufbau einer guten Risikokultur bereits bei der Mitarbeiterauswahl beginnen. Er heuerte optimistische und fröhliche Menschen an und baute sein Team um einen Kern erfahrener Männer auf. Er führte unkonventionelle Vorstellungsgespräche, insbesondere auch, um allzu »risikofreudige« Menschen herauszufiltern. Shackleton hasste Jasager und rekrutierte Männer mit Fachkenntnissen, über die er selbst nicht verfügte. Jeder wusste genau, was von ihm erwartet wurde. Shackleton war offen für Kritik und sich selbst für nichts zu schade.

Der Aufbau dieser solidarischen und loyalen Mannschaft war die Voraussetzung für Shackletons (Unternehmens-)Philosophie beziehungsweise Risikokultur. Und obwohl die Gruppe äußerst heterogen in Bezug auf Beruf, Temperament und soziale Herkunft war, bildete sie ein herausragendes Team.

Also genau so, wie die Mannschaft an Bord der Pontos ...

*»Vertraue auf Allah,
aber binde dein Kamel an.«*

Aus Ägypten

Kapitel 4
Weg damit!

Obwohl Sugar am nächsten Tag früh aufbrechen will, hat es Salt schließlich doch noch geschafft, seinen alten Kumpel zu einem kurzen Zug um die Häuser zu überreden. Am Abend treffen sich die beiden in »Klaus' kleiner Klause« – der mit Abstand gemütlichsten Kneipe im ganzen Hafenviertel.

Nachdem sie mit den anderen Seebären ausgiebigst ihre abenteuerlichen Erlebnisse der letzten Fahrten ausgetauscht hatten (wobei in ihren Erzählungen vielleicht mancher Sturm noch ein ganz klein wenig stürmischer, manche Welle noch eine Nuance höher, manches Riff noch geringfügig gefährlicher und mancher Pirat noch einen Tick blutrünstiger gerät als in Wirklichkeit), kommt Sugar noch einmal auf ihre gemeinsame Begegnung mit dem Wirtschaftsprüfer und dem Unternehmensberater vom vergangenen Morgen zurück.

»Sag mal ...«, fragt er, »haben dir die beiden komischen Vögel eigentlich noch irgendwie weiterhelfen können?«

»Nicht wirklich«, antwortet Salt, »Aber ganz offen gestanden – in manchen Punkten hat dieser Roland B. Ärger gar nicht so Unrecht.«

»Erzähl doch mal!«, hakt Sugar nach.

»Nun ja ...«, erinnert sich Salt, »den Tipp, sofort meine gesamte Crew zu feuern, finde ich schon sehr sinnvoll. Vor allem, wenn ich daran denke, was diese Tölpel schon alles versaubeutelt haben. Überleg doch mal: Wenn ich die alle entlasse, könnte ich meinen größten Risikofaktor wirklich ein für alle Mal komplett ausschalten.«

Im ersten Moment ist sich Sugar etwas unsicher, ob Salt diese Bemerkung tatsächlich ernst meint, und erwidert lachend: »Halt, halt, mein Freund! Alle darfst du nicht auf die Straße setzen. Zumindest einen musst du behalten – sonst hast du ja niemanden mehr, der immer an allem schuld ist!«

»Da hast du nun auch wieder Recht«, stimmt Salt ihm zu, »Aber abgesehen davon ist diese Strategie wirklich nicht übel: Keine Personalkosten mehr, keine Risiken mehr ... meine Gewinne werden explodieren!«

Sugar, dem langsam dämmert, dass Roland B. Ärger bei seinem alten Kumpel offene Türen eingerannt hat, versucht es mit einem anderen Vorschlag: »Aber vielleicht würde es ja auch schon reichen, deinen Leuten die eine oder andere Schulung zu spendieren oder wenigstens ab und zu mal eine Notfallübung mit ihnen durchzuführen. Und schaff dir endlich ein paar von diesen neuen Piraten-Abwehr-Schilden und Korsaren-Frühwarnsystemen an.«

»Ja, ja, ja ... is ja schon gut. Eigentlich weiß ich das ja alles selber!«, gibt ihm Salt Recht (sein siebter Humpen Bier und die dritte Buddel Rum haben ihn offensichtlich etwas einsichtiger gestimmt). »Gerade vorhin war ich bei dem Herrn König von der Humbug-Mülleimer – du weißt, mein Versicherungsfritze –, um mir den Schaden für das Leck am Bug ersetzen zu lassen. Der hat mir mehr oder weniger das Gleiche erzählt. Danach wollte er mir auch gleich noch die neue ›Teredo-Navalis‹-Versicherung verkaufen. Kennst doch unseren niedlichen Intimfeind, den Schiffsbohrwurm, der erst im letzten Jahr überall seine Wohnhöhlen in meinen Rumpf gebohrt hatte. Mein Kahn sah aus wie ein Schweizer Käse! Dieses miese kleine Vieh hätte mich fast versenkt ...«

Ganz offensichtlich trägt die Erinnerung an den nicht übermäßig erfreulichen Kontakt mit dem örtlichen Assekuranzvertreter und die fast ebenso unangenehme Begegnung mit dem Schiffsbohrwurm stark dazu bei, Salts alkoholbedingt gelassene Stimmung genauso schnell verfliegen zu lassen, wie sie sich eingestellt hatte. Sichtlich erregt fährt er fort:

»Oh dieser König! Der verdammte Halsabschneider! Auf den Grund des Meeres sollte man ihn werfen! Sagt der mir doch mitten ins Gesicht, dass ich mich langsam zu einem ›schlechten Risiko‹ für ihn entwickle! Nur weil ich dieses Jahr ein wenig Pech hatte! Nun ja, und im letzten Jahr diese blöden Bohrwürmer. Aber was mich am allermeisten nervt: Jedes Mal, wenn er mich sieht, will er mehr Geld. Diesmal hat er meine Prämie glatt verdoppelt ... aber was bleibt mir schon übrig?«

Sugar befürchtet ernsthaft, dass ihm der alte Seebär nun völlig ins Selbstmitleid abgleitet, und versucht deshalb, Salt etwas aufzuheitern:

»Vielleicht brauchst du ja gar nicht für alles und jedes gleich eine Versicherung! Frag doch mal diesen Waldemar Wentscher ... nach allem, was man hören kann, ist das ein recht risikofreudiger Bursche. Der ist wohl immer bereit, uns Kapitänen die eine oder andere Fahrt zu finanzieren ... natürlich bei entsprechender Gewinnbeteiligung. Außerdem hab ich mich gerade vor einer Viertelstunde mit Käpt'n Iglo, Käpt'n Nemo und Käpt'n Kirk an der Bar unterhalten. Denen stinkt die Abzocke der Versicherungen genauso wie dir und mir. Wir haben uns überlegt, ob wir uns nicht zusammentun und quasi gegenseitig versichern sollen. Is ja relativ unwahrscheinlich, dass alle vier Schiffe auf einmal absaufen, und ... äh, Salt, Saaaaaalt, hallo!«

Sugar schüttelt den alten Seebären, dessen Kopf im Laufe seiner Ausführungen langsam auf die Tischplatte gesunken ist. Zunächst vermutet er, dass Salt nun auch in den Tischen von »Klaus' kleiner Klause« nach Seebohrwürmern suchen will.

Aber schließlich bekommt Sugar als Antwort auf seine Vorschläge nur ein lautes Schnarchen zu hören ...

Risk Mitigation

Risiken werden im Allgemeinen anhand von zwei Parametern charakterisiert: Schadenseintrittswahrscheinlichkeit und Schadensausmaß. Während die Eintrittswahrscheinlichkeit per definitionem irgendwo zwischen 0 und 1 liegt, weist das Ausmaß eine Bandbreite von 0 bis unendlich auf. Durch diese Klassifizierung entsteht dann das wohl bekannteste Schaubild, das die Risikotheorie zu bieten hat: die so genannte *Risikolandkarte, Risikomatrix* oder *Riskmap*:

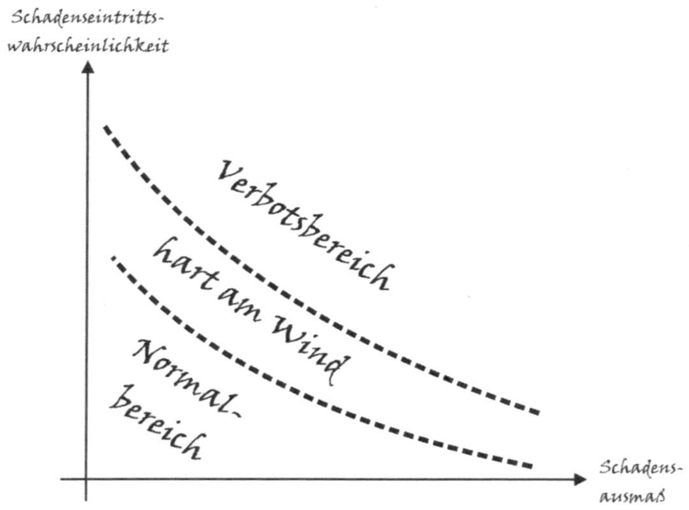

Anhand dieser Visualisierung kann man sich sehr schnell ein Bild über die aktuelle Risikosituation des eigenen Unternehmens verschaffen. Dabei lässt sich eine solche Riskmap grob in drei Bereiche unterteilen:

Risiken, die rechts oben – im so genannten »Verbotsbereich« – liegen, weisen nicht nur eine hohe Eintrittswahrscheinlichkeit auf, sondern verursachen im Falle des Falles auch noch hohe Schäden.

Wenn Sie ein Beispiel für solch ein »High Frequency, High Severity«-Risiko suchen, fragen Sie einfach den Besitzer eines Hauses in der Kölner Altstadt ... vielleicht können Sie ihm ja auch gleich noch helfen, die Schlammmassen des jährlichen Rheinhochwassers aus seiner Bude zu wischen.

Risiken mit einer geringen Eintrittswahrscheinlichkeit, die auch nur geringe Schäden verursachen, tummeln sich dagegen im so genannten »Normalbereich«. Hier sind beispielsweise all diejenigen Risiken versammelt, die wir tagtäglich am eigenen Leib spüren, also beispielsweise der fallen gelassene Teller, die an der heißen Kaffeetasse verbrühte Lippe oder der abgerissene Schnürsenkel.

Im mittleren Bereich (»hart am Wind«) finden sich sowohl Risiken, die relativ häufig eintreten, dabei aber jeweils nur vergleichsweise geringe Schäden verursachen, als auch Risiken, die eher selten auftreten, dafür aber relativ hohe Schäden zur Folge haben. Beispiele für diese Kategorien finden wir unter anderem im Straßenverkehr: Alle paar Monate kriegen wir eine Verwarnung fürs Parken im Halteverbot (15 Euro) und alle paar Jahre kontaktieren wir an der Ampel die Stoßstange unseres Vordermanns (1 500 Euro).

So weit, so gut. Nun haben wir also unsere Risiken schön klassifiziert, einsortiert und auch noch ein hübsches Bildchen dazu gezeichnet. Dipl.-Kaufmann Dr. Piet Preiswasserhausböttcher, MBA, StB & WP von der Preiswasserhausböttcher Treuhand-Gesellschaft Aktiengesellschaft Wirtschaftsprüfungsgesellschaft Steuerberatungsgesellschaft, wäre hoch erfreut, hätte schon längst seinen Bleistift gespitzt und würde nun fleißig seine Häkchen machen. Aber können wir uns wirklich beruhigt in unseren Schaukelstuhl, unsere Koje oder Hängematte zurückziehen und die »Risiken einfach Risiken sein lassen«? Wohl kaum. Schließlich wird jeder klar denkende und nicht »suizidophile« Mensch diese Bestandsaufnahme zum Anlass nehmen, um im nächsten Schritt seine Risikosituation zu optimieren.

Sehen wir uns die Risikolandkarte nochmals etwas genauer an: Risiken im Verbotsbereich sind zweifellos die ekelhafteste Kategorie. Daher sollte man ihnen – wenn es irgendwie möglich ist –

unbedingt aus dem Weg gehen. Risiken im Normalbereich sind zwar auch unangenehm, stellen im Allgemeinen jedoch keine ernsthafte Gefahr für unsere Existenz oder unsere Gesundheit dar, sodass wir sie mehr oder weniger mit einem Achselzucken in Kauf nehmen und dementsprechend auch keinen Handlungsbedarf sehen. Risiken im Hart-am-Wind-Bereich erfordern schließlich eine differenzierte Betrachtung. Ob wir etwas gegen sie unternehmen sollen oder wollen, hängt unter anderem von der genauen Ausprägung der Parameter Eintrittswahrscheinlichkeit und Ausmaß ab, unserer persönlichen Risikofreudigkeit und nicht zuletzt von den Kosten eventueller Maßnahmen zur Risikobeseitigung.

Bevor wir uns dem letzten Punkt etwas intensiver widmen, müssen wir uns noch ein paar Gedanken machen, was wir ganz prinzipiell gegen unsere Risiken tun können. Grob gesprochen, stehen uns die folgenden vier Optionen zur Risikobehandlung und -steuerung (oder auf gut Deutsch: *Risk Mitigation*) zur Verfügung: Risiken vermeiden, Risiken vermindern, Risiken überwälzen oder Risiken (bewusst) selbst tragen.

Risiken vermeiden

Am einfachsten, schnellsten und nachhaltigsten können Risiken vermieden werden, indem risikobehaftete Aktivitäten von vornherein unterlassen beziehungsweise ganz aufgegeben werden. Da wir spätestens seit dem ersten Kapitel wissen, dass der Verzicht auf sämtliche Risiken auch den Verzicht auf sämtliche Chancen bedeutet, dürfte Salts Gleichung »Entlassung der Mannschaft = Ausschaltung aller Risiken = explodierende Gewinne« jedoch nicht unbedingt aufgehen. Allerdings kann der Begriff Risikovermeidung natürlich auch weniger radikal interpretiert werden: Selbst wenn nur bestimmte (eben die besonders riskanten) Aktivitäten unterlassen werden, kann die eigene Risikoposition schon sehr positiv beeinflusst werden.

So meidet Sugar etwa besonders gefährliche Routen, wie beispielsweise die *Straße von Malakka*. Diese Meerenge, die sich auf 800 Kilometern Länge zwischen der Malaiischen Halbinsel und Sumatra erstreckt, ist an der schmalsten Stelle nur etwa 40 km breit, wird aber täglich von über 600 Handelsschiffen befahren (womit sie in puncto Verkehrsdichte sogar dem Ärmelkanal den Rang abläuft). Aufgrund der vielen Riffe ist die Durchquerung an sich schon extrem gefährlich, zusätzlich hält diese Gegend seit einigen Jahren aber auch noch den absoluten Piraterie-Weltrekord: Zwischen 1984 und 1999 wurden in der *Straße von Malakka* beispielsweise 1455 Überfälle registriert, bei denen insgesamt 51 Seeleute ums Leben kamen.

Risiken vermindern

Können oder sollen Risiken nicht vermieden werden, bestehen meistens zahlreiche Möglichkeiten, sie durch organisatorische und/oder technische Maßnahmen zu vermindern.

Zum einen können derartige Schritte an der Risikoursache ansetzen, das heißt also auf eine Reduzierung der Schadenseintrittswahrscheinlichkeit abzielen: Sugar hat beispielsweise ausgefeilte Frühwarnsysteme wie Echolot und Radar sowie ein GPS-Navigationssystem auf seinem Schiff installiert, wodurch die Gefahr von intimen Bekanntschaften mit Riffen erheblich reduziert wird. Zudem ist seine Mannschaft durch die offene Risikokultur und die Arbeit seines Risikokomitees für die Gefahren auf See stark sensibilisiert. Dies erlaubt seiner Crew, viele Risiken zu erkennen und auszuschalten, noch lange, bevor sie dem Schiff gefährlich werden können.

Neben beziehungsweise zusätzlich zur Beeinflussung der Eintrittswahrscheinlichkeit eines Risikos besteht zum anderen die Option, im Fall des Falles zumindest den entstehenden Schaden möglichst klein zu halten, etwa durch leistungsfähige Feuerlöschanlagen, eine ausreichende Anzahl von Rettungsbooten oder die Implementierung geeigneter Notfall- und Rettungspläne.

Des Weiteren werde ich mein Risiko reduzieren, indem ich »nicht alle Eier in einen Korb lege« und dann auch besser auf meinen Korb aufpasse. So kann Sugar etwa durch regionale, objektbezogene und personenbezogene Streuung einen Risikoausgleich bei voneinander unabhängigen Risiken erreichen. Was heißt das? Sugars Schiff ist so konstruiert, dass er alle möglichen Waren überallhin befördern kann. Hätte er sich dagegen auf bestimmte Branchen, bestimmte Güter oder bestimmte Routen – beispielsweise den Transport von Rinderhälften auf Kurzstrecken – spezialisiert, würde er wohl spätestens dann in den Ruin (beziehungsweise in Gertis Spelunke) getrieben, wenn in der Gegend die ersten BSE-Fälle auftauchen und alle Grillfreunde nur noch Schweinekoteletts auf den Rost werfen.

Risiken überwälzen

Beim Stichwort Risikoüberwälzung fällt uns natürlich zuallererst die gute alte Versicherung ein: Salt zahlt an Herrn König von der Humbug-Mülleimer vor jeder Fahrt eine bestimmte Prämie, dafür kauft die Versicherung Salt ein neues Schiff, wenn er sein altes auf ein Riff setzt. Sind die Schiffsbohrwürmer mal wieder aktiv und verwandeln Salts Kahn abermals in einen Schweizer Käse, so zahlt die Humbug-Mülleimer für die Zwangsräumung der Wurm-Wohnhöhlen.

Doch auch abseits dieser klassischen (und im Allgemeinen ziemlich langweiligen) Lösungen existieren noch viele andere Möglichkeiten, mit deren Hilfe die eigenen Risiken auf andere übertragen werden können:

Eine in der letzten Zeit – nicht nur unter Seebären – sehr häufig diskutierte Form des alternativen Risikotransfers ist die so genannte »Captive«. Wörtlich kann man Captive mit »gefangener Versicherungsgesellschaft« übersetzen. In diesem Zusammenhang sei an die Diskussion zwischen Sugar und Käpt'n Iglo, Käpt'n Nemo und Käpt'n Kirk erinnert. Sie überlegen, ob sie sich nicht zusammentun, ihre Risiken in einen Topf werfen und sich somit quasi gegenseitig versichern sollten. Eine Captive wird jedoch nur dann funktionieren und dauerhaft existieren, wenn alle Captive-Beteiligten ihre Risiken im Griff haben, eine transparente Risikokommunikation praktizieren und eine offene Risikokultur leben. Die Captive wiederum kann bestimmte Risiken an die Humbug-Mülleimer-Re beziehungsweise einen anderen professionellen (Rück-)Versicherer weiterverkaufen oder ihre Risiken bündeln und auf dem Kapitalmarkt platzieren.

Außerdem hören wir von Sugar, dass institutionelle Investoren wie Waldemar Wentscher gern bereit sind, gegen eine entsprechende Gewinnbeteiligung auch einen Teil von Salts Risiken mitzutragen. Vielleicht ist es für beide Seiten – sowohl unter Risiko- als auch unter betriebswirtschaftlichen und steuerlichen Aspekten – aber noch viel interessanter, wenn Salt sein Schiff an Wentscher verkauft und dieser es gleich wieder an ihn zurückvermietet (*Sale-and-Lease-Back*-Verfahren). Vielleicht will Wentscher unserem Freund Salt aber nicht gleich das ganze Schiff abkaufen, sondern nur seinen Forderungsbestand übernehmen (Forfaitierung). Damit würden alle Risiken des Forderungsausfalls auf ihn übergehen, denn Rückgriffsmöglichkeiten auf den Verkäufer bestehen – bei einer Forfaitierung nicht. Deswegen wird ihm Salt auch kaum erzählen, dass sich unter seinen Kunden auch einige »Wackelkandidaten« mit zweifelhafter Bonität finden.

Eine weitere Möglichkeit, die sich vor allem in jüngster Zeit zunehmender Beliebtheit erfreut, ist auch die Strategie, bestimmte Unternehmensprozesse (und das bedeutet gleichzeitig auch die damit verbundenen Risiken) an einen externen Partner abzugeben (auf Neuschwäbisch: outzusourcen). Allerdings entstehen hierdurch auch neue Risiken: Sollte Sugar beispielsweise auf die – zugegebenermaßen etwas an den Haaren herbeigezogene – Idee verfallen, sein Catering auszugliedern, muss er wohl damit leben, dass die *Terrine de lapin aux noisettes* künftig nicht mehr ganz so lecker schmeckt wie bei seinem Schiffskoch Smørebrøt.

Wir können und wollen an dieser Stelle natürlich nicht alle Möglichkeiten beschreiben, mit denen man eigene Risiken auf externe Dritte verlagern kann, zumal zu diesem Thema schon mehr als genügend dicke Bücher erschienen sind. Gerade die beiden Bereiche *Alternative Risikofinanzierung* und *Risikoabsicherung mithilfe derivativer Finanzinstrumente* haben sich in den letzten Jahren extrem dynamisch entwickelt und eine Vielzahl von äußerst innovativen (und teilweise leider auch äußerst komplizierten) Ansätzen zum Risikotransfer hervorgebracht, wie beispielsweise Risk-Pooling, Finite-Risk-Konzepte, Risk Securitization, Catrastophy Bonds, Caps, Floors, Collars, Forward-Rate-Agreements, Swaps und Swaptions. Falls Sie jetzt nur »Bahnhof« verstehen, können Sie sich vertrauensvoll an Ihren Risikomanager wenden. Er wird Ihnen ein paar Formeln zeigen und alles ganz genau erklären.

Risiken selbst tragen

Auch nach Ausschöpfung der oben genannten Möglichkeiten zur Risikovermeidung, -verminderung und -überwälzung wird jeder Kapitän immer noch auf einem gewissen Restrisiko sitzen bleiben. Und das ist gut so! Denn – wir wiederholen uns – ohne die Übernahme von Risiken gäbe es ja auch keine Chancen! Wichtig ist in diesem Zusammenhang allerdings der Hinweis, dass die Entscheidung für die Eigenübernahme bestimmter Risiken auch bewusst getroffen wird. Dies ist beispielsweise nicht der Fall, wenn ein Risiko mehr oder weniger zufällig bei mir landet, da ich es entweder gar nicht erkannt oder aber unterschätzt habe.

Sodale ... langsam, aber sicher vervollständigt sich unser Bild. Nach Darstellung der unterschiedlichen Risikobereiche und verschiedener Strategien zur Risikobehandlung kommt nun allerdings noch die (im wahrsten Sinn des Wortes) *1 000 000-Dollar-Frage*: Welche der oben genannten Strategien soll ich anwenden?

Wie auf jede schwierige Frage, gibt es auch auf diese eine ganz einfache Antwort: »Kommt immer darauf an!«

Relativ einfach ist das Ganze, wenn eine bestimmte Methode für ein bestimmtes Risiko gar nicht zur Verfügung steht. Aus verschiedensten Gründen werden wir beispielsweise nicht in allen Fällen eine Versicherung finden, die bereit ist, uns einen Teil unserer Risiken abzunehmen. Wenn wir im Wartezimmer unseres Zahnarztes sitzen und in den Flaggschiffen des kritischen und investigativen deutschen Journalismus (*Gala, Bunte, Frau im Spiegel* etc.) blättern, werden wir das zwar kaum für möglich halten, da Versicherungen anscheinend alles gegen alles versichern: Beine von Models gegen Cellulitis, Bayer 04 Leverkusen gegen den Abstieg aus der ersten Bundesliga und Leute wie Sie und mich gegen die Entführung durch Außerirdische oder die Auflösung unserer Lieblingsband.

Abgesehen von diesen mehr oder weniger skurrilen Einzelfällen werden Versicherungsunternehmen bei der Auswahl ihrer Kunden aber immer wählerischer: Der sprichwörtliche Elefant im Porzellanladen muss schon ein ganz ausgefuchster Verhandlungskünstler sein, um einen Privathaftpflichtschutz zu ergattern, und auch der Hinweis von Salts Versicherungsfritzen, unser Freund entwickle sich langsam zum »schlechten Risiko«, kann durchaus als zaunpfahlartiger Wink verstanden werden, dass die Humbug-Mülleimer künftig nicht mehr ohne Weiteres bereit sein wird, seine Versicherungsanträge gegenzuzeichnen.

Was die Entscheidung für ein bestimmtes Instrument der Risikobehandlung allerdings verflixt kompliziert macht, ist die Tatsache, dass sich die oben beschriebenen Methoden der Risikosteuerung auf praktisch beliebige Weise miteinander kombinieren lassen und auch diverse Misch- und Sonderformen existieren: Die Pläne der Kapitäne Sugar, Iglo, Nemo und Kirk zum gegenseitigen Beistand bei Unglücksfällen beinhalten beispielsweise Elemente wie die Risikoverminderung durch Diversifikation, die Risikoüberwälzung auf ein Kollektiv ohne Einschaltung einer »professionellen« Versicherungsgesellschaft (also eine Methode des *Alternative Risk Transfers* bzw. der *Alternativen Risikofinanzierung*) sowie die bewusste Eigenübernahme der noch verbleibenden Restrisiken.

Absolute Sicherheit kann es niemals geben. Ausschlaggebend dafür, wie sehr wir uns diesem Zustand annähern wollen, das heißt, welche der oben genannten Risikobehandlungsmethoden wir auswählen und mit welcher Konsequenz wir diese dann umsetzen, ist zunächst unser ganz persönliches Streben nach Sicherheit beziehungsweise unsere ebenso individuelle Risikofreudigkeit – beispielsweise gibt es genug Leute, die keine Haftpflicht-, Hausrat-, Rechtsschutz-, Sterbegeld-, Brandschutz-, Berufsunfähigkeits-, Lebens-, Renten-, Aussteuer-, Reiserücktritts- und Unfallversicherung haben und trotzdem ein glückliches und zufriedenes Leben führen, während andere ein derart ungesichertes Dasein wahrscheinlich umgehend in den Wahnsinn treiben würde.

Welches Risiko- und Sicherheitsniveau wir dann aber tatsächlich auswählen, hängt nicht zuletzt auch von unserem Geldbeutel ab – Risikomanagement kostet nämlich Geld (entweder in Form von »richtigen« Kosten oder in Form von entgangenen Gewinnen) und/oder verzehrt Ressourcen (Mitarbeiter, Budgets, Versicherungsbeiträge, Rettungsboote, Rettungsringe, Echolot, Radar etc.). Umgekehrt kosten jedoch auch die eingetretenen Schäden Geld und verzehren ebenfalls Ressourcen (Arbeitsausfall, Produktionsunterbrechung, Sachschäden, Imageschäden, Kundenverlust etc.).

Die Kosten zur Reduzierung von Risiken und zur Vermeidung von Schäden steigen darüber hinaus auch noch überproportional an. Je geringer mein Risiko ist, desto teurer wird es, wenn ich es noch weiter senken will – eben die altbekannte Achtzig-zwanzig-Regel. Wir alle kennen das von der Teil- oder Vollkaskoversicherung für unser Auto, wo eine Absenkung der Selbstbeteiligung in aller Regel auch unverschämt steigende Versicherungsprämien zur Folge hat.

Ziel der ganzen Übung muss daher das unter betriebswirtschaftlichen Gesichtspunkten optimale Sicherheitsniveau sein – oder noch etwas abstrakter formuliert: Eine zusätzliche Investition in die Risikoreduzierung lohnt sich nur dann, wenn die Grenzkosten niedriger sind als der dadurch erwirtschaftete Grenznutzen in Form von geringeren Schäden. Alles klar?

Vielleicht machen wir das Ganze doch lieber an einem Beispiel klar – unsere beiden Kapitäne Sugar und Salt stehen ja schließlich in jedem Hafen vor genau diesem Problem: der Abwägung zwischen Profit und Risiko und der Suche nach dem Punkt, an dem sich diese beiden Waagschalen im Gleichgewicht befinden.

Um möglichst hohe Gewinne zu erzielen, könnten die beiden Kapitäne auf die nahe liegende Idee kommen, alles auf ihre Schiffe zu packen, was nur irgendwie reinpasst. Allerdings muss ein zu tief beladenes Schiff im Notfall unter Umständen Ladung abwerfen oder kentert womöglich sogar und reißt die gesamte Besatzung mit in sein nasses Grab. Außerdem macht ein schweres Schiff im Allgemeinen wesentlich weniger Fahrt, was die Kosten ebenfalls in die Höhe treibt (Personalkosten, Kapitalbindung, Kosten durch Schwund und Verderben der Ware usw.). Sugar und Salt müssen also immer gerade so viel Ladung an Bord nehmen, dass sie gerade schnell genug und gerade sicher genug im nächsten Hafen ankommen. Denn einerseits könnte der zusätzliche Gewinn, den sie durch eine Kiste mehr im Laderaum erwirtschaften würden, die Nachteile einer geringeren Geschwindigkeit und Sicherheit nicht ausgleichen. Andererseits wäre der entgangene Gewinn, auf den sie durch eine Kiste weniger im Laderaum verzichten müssen, ein zu hoher Preis für die nur geringfügig schnellere und sichere Überfahrt.

In der Historie der Seefahrt gibt es einige Beispiele, bei denen dieses Optimum jämmerlich verfehlt wurde. Ein besonders schönes Exempel für übertriebenes Risikomanagement ist unter anderem die so genannte »schwimmende Stadt«:

Die *Great Eastern*, 1854 als *Leviathan* an der Themse kielgelegt, war zur damaligen Zeit mit 18 915 Bruttoregistertonnen, 208 Metern Länge, neun Metern Tiefgang und 25 Metern Breite das größte Schiff der Welt. 596 Menschen hatten in den Kabinen und weitere 2 400 im Zwischendeck Platz. Gebaut wurde das Schiff von Isambard Kingdom Brunel, einem glänzenden und genialen Schiffbau-, Brücken- und Eisenbahningenieur aus dem englischen Portsmouth.

Bei seinem Projekt wurde Brunel von der Vision angetrieben, ein Schiff zu konstruieren, das die gesamte Strecke zwischen England und Australien überwinden konnte, ohne unterwegs Kohle bunkern zu müssen. Ganze drei Millionen Nieten und mehr als 30 000 Tonnen Eisen verbauten die Arbeiter der Werft John Scott Russel & Co. Der Materialbedarf war so enorm, dass während der Bauphase sogar der Weltmarktpreis für Eisen merklich stieg. Angetrieben wurde das Schiff mit Schaufelrad und Heckschraubenantrieb oder alternativ auch mit Segeln. Da glänzen doch die Augen jedes Risikomanagers: Wenn die Kohle im Bunker knapp wird, setzt man eben die Segel! Wenn Flaute herrscht, haut man einfach ein bisschen mehr Kohle in die Kessel – und schon geht es weiter!

Das Schiff war aus der Perspektive jedes wasserscheuen Sicherheitsfanatikers nahezu perfekt, da es einen doppelten Boden, einen Doppelrumpf sowie zwölf wasserdichte Abteilungen besaß. Es bestand aus zwei Schalen, sodass der Schiffsboden und die äußere Schiffshaut etwa 90 cm voneinander entfernt waren. Die Längsspanten waren miteinander verstrebt und wasserdicht verbunden.

Beim Stapellauf war der eiserne Koloss dummerweise so schwer, dass er nur wenige Zentimeter ins Wasser glitt und dann stecken blieb. Vom 6. November 1857 bis zum 30. Januar 1858 musste der gigantische Schiffsrumpf Zoll um Zoll ins Wasser der Themse gezogen werden. Brunels Traumschiff entwickelte sich dadurch zu einem wirtschaftlichen Albtraum: Die hohen Kosten für den Bau des Schiffes und den Stapellauf führten nach einigen Monaten zum Ruin der Reederei Eastern Steam Navigation Company.

Falls Ihnen die Geschichte bekannt vorkommt, haben Sie bestimmt den Roman »Die schwimmende Stadt« von Jules Verne gelesen. Der Autor befand sich nämlich unter den 38 zahlenden Passagieren auf der Jungfernfahrt nach Amerika und verarbeitete seine Eindrücke dieser Reise in besagtem Buch.

Wie das Beispiel der *Great Eastern* zeigt, kann das Streben nach größtmöglicher Sicherheit fatale wirtschaftliche Folgen haben. Weitaus schlimmer ist jedoch der entgegengesetzte Fall: Wenn Kapitäne allzu sehr auf ihre Profite schielen und dabei die Risikoaspekte auf der anderen Seite der Waage aus dem Blickwinkel verlieren, kostet dies häufig nicht nur Geld, sondern auch Menschenleben. Offensichtlich haben derartige Verhaltensweisen in früheren Zeiten ein Ausmaß angenommen, das für die Allgemeinheit langfristig nicht akzeptabel war, und demzufolge sind regulatorische Eingriffe des Gesetzgebers im Risikomanagement keineswegs nur ein Phänomen der jüngsten Vergangenheit, sondern können auch im Bereich der Seefahrt auf eine lange Tradition verweisen:

Zur Zeit der so genannten »coffin ships« (wörtlich übersetzt »schwimmende Särge«) war es beispielsweise gang und gäbe, die Schiffe zu überladen und die Ladung sehr hoch zu versichern. Damit wurde das Risiko auf die Versicherungsgesellschaft übertragen. Erst 1890, nach einer Serie tragischer Schiffskatastrophen, wurde die so genannte »Plimsoll-Marke« eingeführt. Die Plimsoll-Linien werden auch als Freibord, Freibordmarke oder Tieflademarke bezeichnet. Es handelt sich hierbei um Markierungen am Rumpf eines Schiffes, die den höchstzulässigen Tiefgang angeben. Wer sich also immer schon über die Buchstaben und Liniensymbole an den Rümpfen vieler Schiffe gewundert hat, der weiß nun, dass wir auch dieses Rätsel einem Risikomanager zu verdanken haben: F bedeutet die Eintauchtiefe in Süßwasser, S beziehungsweise W bedeuten die jeweiligen Eintauchtiefen in Seewasser im Sommer beziehungsweise Winter (hierbei wird die unterschiedliche spezifische Dichte von Frischwasser sowie von Seewasser im Winter und Sommer berücksichtigt). Die anderen Buchstaben bezeichnen die jeweilige Seeversicherung: GL steht für Germanischer Lloyd, LR bedeutet Lloyd's Register of British and Foreign Shipping und BV ist die Abkürzung für Bureau Veritas.

Auch viele andere Bestimmungen des nationalen und internationalen Seerechts sind stark von Überlegungen zur Risikominimierung geprägt. So taucht beispielsweise um die Jahrhundertwende der folgende Passus im Hamburger Seerecht auf:

Ein Kapitän verhält sich fehlerhaft, wenn er

- *vor dem Durchfahren eines Schlechtwettergebietes nicht für eine ordnungsgemäße und ausreichende Laschung von an Deck gelagerten Eisenbahnschwellen sorgt (Verstoß gegen die seemännische Sorgfaltspflicht) oder wenn er*
- *das Schiff überlädt (Verstoß gegen Artikel 12 Abs. 1 des Freibord-Übereinkommens).*

Die Entscheidung darüber, wie viel Ladung letztlich mitgenommen wird, liegt ausschließlich beim Kapitän. Er muss allein für eine Überladung einstehen, auch wenn für die Beladung ein Ladungsoffizier zuständig ist.

Erinnert uns das nicht stark an das KonTraG, gemäß dem der Vorstand für das Risikomanagement zuständig ist und auch die Verantwortung für eventuelle Verstöße und Mängel aufgebrummt bekommt?

Risikotypen

Doch genug der Juristerei. Um den Kreis zu schließen, wollen wir zum Abschluss des Kapitels nochmals auf die eingangs präsentierte Risikoklassifikation zurück kommen.

a) Wie wir gesehen haben, ist Dipl.-Kaufmann Dr. Piet Preiswasserhausböttcher, MBA, StB & WP, absolut »happy« mit unserer Riskmap.
b) Wie bereits an mehreren Stellen des Buches sachte angeklungen sein dürfte, stehen wir der Philosophie derartiger »Häkchenmacher« nicht völlig unkritisch gegenüber.
c) Wie wir es aus der Fernsehserie *Sex and the City* gewohnt sind, wollen wir unsere Zweifel in eine simple Frage packen:

Ist Risiko wirklich so einfach, dass man es anhand der beiden Parameter Schadenseintrittswahrscheinlichkeit und Schadensausmaß sinnvoll beurteilen kann?

Bei der Reduzierung des Risikos auf diese zwei Größen wird beispielsweise rein gar nichts über die zeitliche Dimension sowie eventuelle Verzögerungswirkungen eines Schadens ausgesagt (Persistenz): Sind vielleicht erst unsere Kinder beziehungsweise auch die nachfolgenden Generationen von den Schäden betroffen (Stichworte: Treibhauseffekt, El Niño, Gentechnik etc.)? Erkranke ich sofort oder erst nach einer langen Inkubationszeit?

Über die Irreversibilität, das heißt die Nichtwiederherstellbarkeit des Zustands vor dem Schadenseintritt, erfährt man ebenfalls nichts. Dabei es ist doch sehr wohl ein Unterschied, ob Tiere und Pflanzen unwiederbringlich ausgestorben sind oder ihre Population lediglich vorübergehend etwas zurückgegangen ist.

Auch im Hinblick auf die räumliche Ausbreitung (Ubiquität) eines Schadens erhalten wir keinerlei Informationen. Während die meisten natürlich oder technisch bedingten Risiken (wie etwa ein Blitzschlag, Hagelschauer, Erdbeben bzw. Zugunglück, Rechenzentrumsausfall, Brückeneinsturz) lokal begrenzte Schäden verursachen, können sich beispielsweise aggressive Krankheitserreger sehr schnell über ein größeres Gebiet verteilen (erinnert sei hier nur an das *Severe Acute Respiratory Syndrome* – besser bekannt als SARS – das sich im Frühjahr 2003 erst in ganz Südostasien ausbreitete und danach auch bald Europa und Nordamerika erreichte). Und von der nuklearen Wolke, die von Tschernobyl gen Westen zog, waren auch Menschen betroffen, die Tausende Kilometer vom Unglücksort entfernt lebten.

Da uns der Informationsverlust, der durch die Reduzierung von Risiken auf die beiden Faktoren Schadenseintrittswahrscheinlichkeit und Schadensausmaß zwangsläufig eintreten muss, mindestens genauso stört wie Sie, werden wir Sie im Folgenden noch mit einigen Hintergrundinformationen zu unserem Konstrukt *Risiko* versorgen. Zu diesem Zweck haben wir typische Risiken in sechs unterschiedliche Risikoklassen und -typen eingeordnet. Jeder Risikotyp wird dabei mit einem Namen aus der griechischen Mythologie bezeichnet. Dies erscheint uns ganz passend, da Psychologen und Anthropologen ja immer wieder bestätigen, dass die antiken Mythen mit tiefen Erkenntnissen über die Situation und die Lebensnot des Menschen angefüllt sind. Sie geben daher die Risiken des alltäglichen Lebens in bildhafter Sprache wieder. Begeben wir uns also auf eine kleine Reise in die risikoreiche Welt des Göttervaters Zeus – zur Abwechslung mal nicht mit dem Schiff, sondern per pedes!

Damokles

Das Damoklesschwert gilt in den antiken Mythen als das Sinnbild der ständigen Gefahr. Die Geschichte von Damokles wurde im Altertum von verschiedenen Autoren (u. a. Cicero und Horaz) überliefert. So berichtet beispielsweise der Römer Cicero in den »Tuskulanischen Gesprächen« folgende Episode aus dem Leben des Dionysios:

Als »... *Damokles, in einer Rede seine (Dionysios) Heeresmacht, seinen Besitz, die Herrlichkeit seiner Herrschaft (...) rühmte und erklärte, es habe niemals einen glückseligeren Menschen gegeben, da sagte er (Dionysios): ›Willst du, Damokles, dieses Leben kosten, da es dich so sehr erfreut, und mein Schicksal erproben?‹ Und als jener sagte, es gelüste ihn danach, da ließ ihn Dionysios auf ein goldenes Ruhebett legen (...) Da gab es denn Parfüms und Kränze, Räucherwerk wurde verbrannt, und Platten mit den erlesensten Gerichten wurden aufgetragen. Damokles kam sich hochbeglückt vor. Mitten unter diesem Aufwand aber ließ Dionysios von der Decke ein funkelndes Schwert herabsenken, aufgehenkt an einem Rosshaar und so, dass es direkt über dem Scheitel jenes Glücklichen stand. Da schaute jener nicht mehr die schönen Sklaven an (...) und langte auch nicht mehr bei den Gerichten zu, die Kränze fielen ihm zu Boden, und schließlich bat er den Tyrannen, weggehen zu dürfen, weil er keine Lust mehr habe, glückselig zu sein.*«

Für Damokles war klar, dass Dionysios ein glücklicher Mensch sein musste. Bei dem festlichen Bankett aber demonstrierte ihm Dionysios die Vergänglichkeit und Unsicherheit seiner Position. Mit dem scharfen Schwert über seinem Haupt verlor Damokles sehr schnell die Freude an den Genüssen der reich gedeckten Tafel und führte daraufhin ein bescheidenes und zurückgezogenes, aber sehr zufriedenes Leben.

Mithilfe der Metapher kann man sehr schön erkennen, dass Chance und Risiko häufig sehr eng miteinander verknüpft sind. Das Schwert des Damokles steht sprichwörtlich für eine im Glück drohende Gefahr. Da Dionysios nicht die Absicht hatte, Damokles zu töten, sondern nur großen Wert auf den erzieherischen Effekt seiner spektakulären Aktion legte, hatte er natürlich ein besonders dickes Rosshaar ausgewählt. Die Wahrscheinlichkeit, dass das Schwert tatsächlich herabstürzen und Damokles den Schädel spalten würde, war dementsprechend ziemlich gering. Wie wir bereits im Kapitel über Risikowahrnehmung gelernt haben, ist dieser Umstand für die Einschätzung durch den armen Damokles allerdings zweitrangig gewesen. Seine Gedanken richteten sich naheliegenderweise ganz auf die katastrophale Wirkung, die der mögliche Eintritt des Schadens für ihn bedeuten würde. In Anbetracht dieser Risiken verflog seine Freude über die vielen Annehmlichkeiten, die er momentan genießen durfte, sehr schnell. Typische moderne Beispiele für derartige Risikokonstellationen sind etwa die Risiken der Kernenergie, großer Chemieanlagen oder Staudämme.

Zyklop

In der griechischen Mythologie tauchen häufig so genannte »Rundäugige« auf, mächtige Riesen mit nur einem Auge mitten auf der Stirn. Sie werden als Zyklopen oder auch Kyklopen bezeichnet. Gut genährte Exemplare sollen es auf eine Größe von über 200 Fuß (früher gebräuchliche, von der Länge des menschlichen Fußes abgeleitete Längeneinheit. Dummerweise mit großen Unterschieden: Während beispielsweise in Hessen damals ein Fuß 250 mm entsprochen hat, lebten die Sachsen anscheinend auf größerem Fuß (429,5 mm). Die Kyklopen waren aber wohl etwa 60 Meter hoch.) gebracht haben. Auch Odysseus geriet einmal in die Gefangenschaft eines solchen gewaltigen Riesen: Polyphem, der Sohn des Poseidon.

»(...) Dann aßen wir ein wenig von dem Käse und warteten geduldig auf die Heimkehr des Hausherrn. Endlich nahte er. Auf seinen Riesenschultern trug er eine ungeheure Last trockenen Klaubholzes. Er warf das Bündel krachend zu Boden. Wir versteckten uns angstbebend im äußersten Winkel der Höhle und sahen von dort aus zu, wie er seine Herde eintrieb. (...) Er trug, wie alle Kyklopen, ein einziges funkelndes Auge an der Stirn, hatte Beine wie tausendjährige Eichenstämme und Arme und Hände, groß und stark genug, um mit Granitblöcken Ball zu spielen.«

Wie wir alle wissen, berichtet Homer, dass die Begegnung mit diesem unangenehmen Zeitgenossen für Odysseus und seine Mannen schließlich doch noch ganz gut ausging. Sie blendeten Polyphem und konnten fliehen.

Wie wahrscheinlich nur sehr wenige Leser aus eigener Erfahrung berichten können, haben einäugige Riesen den großen Nachteil, dass sie die Welt nur eindimensional sehen. Übertragen auf unsere kleine Risikoklassifikation bedeutet dies, dass beim Risikotyp *Zyklop* nur eine Dimension bekannt ist. Außerdem kann ein solcher Rundäugiger ganz schön viel kaputtmachen, wenn er erst einmal wütend ist und anfängt, um sich zu schlagen. Insgesamt ist bei diesem Risikotyp das Schadensausmaß also hoch einzustufen; aufgrund der Eindimensionalität der Betrachtung ist die Eintrittswahrscheinlichkeit allerdings ungewiss und liegt quasi völlig im Dunkel der Zyklopenhöhle. Typische Beispiele für derartige Risiken sind etwa Aids oder Naturkatastrophen wie Erdbeben oder Meteoriteneinschläge.

Pythia

Pythia war quasi die Berufsbezeichnung für die weissagenden Priesterinnen des Orakels im Apollon-Tempel von Delphi. Dieses Orakel wurde von Privatleuten, Herrschern und Würdenträgern in praktisch allen Lebenslagen um Rat gefragt. Normalerweise übte eine Pythia ihr Amt auf Lebenszeit aus, zeitweise gab es aber auch »Teilzeitarbeit«, sodass sich mehrere Priesterinnen die Arbeit teilten. In alter Zeit war die unversehrte Jungfräulichkeit ein fester Bestandteil der Stellenbeschreibung für diesen Job. Doch nachdem eine Pythia von dem Thessaler Echekrates vergewaltigt worden war, setzte man das Mindestalter flugs auf fünfzig Jahre herauf. Auch dies ein gutes Beispiel für proaktive Risikovermeidung!

Es wird berichtet, dass die Pythia bei ihren Weissagungen auf einem Dreifuß saß, Lorbeerblätter kaute (so nannte man Cannabis wohl früher) und durch aus der Erde tretende Dämpfe in Ekstase geriet (wissenschaftlich betrachtet ist diese Version allerdings eher unwahrscheinlich: Archäologen haben nie eine Felsspalte unter dem Tempel gefunden, und auch Geologen haben keine Erklärung für die Existenz solcher Dämpfe). Leider waren die Antworten und Zukunftsprognosen der Pythia in diesem Zustand vielfach unverständlich oder mehrdeutig. Der Lyderkönig Kroisus – auch als Krösus bekannt – erhielt beispielsweise auf seine Frage, ob er in den

Krieg ziehen solle oder nicht, die Antwort, er werde ein großes Reich zerstören, falls er das täte. Siegessicher begann er daraufhin einen Eroberungsfeldzug gegen den Perserkönig Kyros II. und kassierte eine furchtbare Niederlage. Was er nicht geahnt hatte: Durch den Krieg zerstörte er schließlich nicht das große Reich seines Gegners, sondern sein eigenes.

Im Hinblick auf den Risikotyp Pythia bedeuten die wirren und mehrdeutigen Aussagen des Orakels, dass sowohl die Eintrittswahrscheinlichkeit als auch die Dimension eines Schadens extrem schwer einzuschätzen und daher faktisch unbekannt sind. Beispiele für den skizzierten Risikotyp findet man etwa beim Eingriff des Menschen in Ökosysteme oder neuen Technologien.

Pandora

Wie der griechische Dichter Hesiod erzählt, wurde Pandora auf Befehl des Zeus von Hephaistos aus Erde geformt. Für den Göttervater war diese Frau vor allem ein Mittel, um den Menschen zu schaden, nachdem der Titanensohn Prometheus (der mythische Ur-Rebell und Vorkämpfer der Menschheit gegen die Allmacht und Willkür der Götter) den Göttern das Feuer gestohlen und auf die Erde gebracht hatte. Pandora bedeutet so viel wie *Allbegabte* und mit Begabungen war diese Frau auch mehr als reichlich gesegnet: Athene hauchte ihr das Leben ein und bekleidete sie, Aphrodite schenkte ihr Schönheit (herzlichen Dank dafür, liebe Aphrodite!) und von Hermes lernte sie List und Verrat. Gleich darauf brachte man sie zu Epimetheus, dem Bruder des Prometheus, der sie vom Fleck weg heiratete.

Als – im Wortsinn – »Mitgift« hatten die Götter dem Mädel die berühmte *Büchse der Pandora* mitgegeben: Ein versiegeltes Gefäß, in dem alle Übel und Krankheiten der Menschheit eingeschlossen waren. Da auch die Götter der Antike dem – bis heute weit verbreiteten – Irrglauben unterlagen, alle Frauen seien neugierig, warnten sie Pandora ausdrücklich, die Büchse zu öffnen. Dummerweise konnte sie doch nicht widerstehen: Als Pandora das Gefäß aufschloss, entwichen die Übel und verbreiteten sich in Windeseile über die Erde. In panischer Angst machte die Arme ihre Schachtel schnell wieder zu – ihre zweite Fehlentscheidung: Dadurch blieb nämlich die Hoffnung, die von den Göttern ganz nach unten gepackt worden war, in der Büchse gefangen. Und so haben wir es also Pandora zu verdanken, dass wir hart arbeiten müssen, um zu überleben. Übrigens: Der Begriff Büchse geht wohl auf einen Übersetzungsfehler zurück (*pithos* statt *pyxis*), eigentlich hatte Pandora einen (Honig-)Krug.

Der Ausdruck »die Büchse der Pandora öffnen« hat sich bis in die heutige Zeit als Umschreibung für das Auslösen von ebenso schwerwiegendem wie unkontrollierbarem Unheil gehalten. Dementsprechend ist der Risikotyp Pandora durch ein hohes Maß an Persistenz (zeitliche Ausdehnung eines Schadens), Ubiquität (räumliche Ausdehnung eines Schadens) und Irreversibilität (Nichtwiederherstellbarkeit des Zustandes vor Schadeneintritt) gekennzeichnet. Vereinfacht gesagt, handelt es sich um schwere Schäden mit globalem Ausmaß, unter denen noch die Urenkel unserer Kindeskinder leiden werden. Was fällt uns dazu spontan ein? Typische Beispiele für potenzielle Pandora-Risiko-Auslöser wären Fluorchlorkohlenwasserstoffe (FCKW), Dioxine, DDT, Atommüll oder Massenvernichtungswaffen.

Kassandra

Nach Pandora begegnet uns in Kassandra das zweite Risiko in Form einer wunderschönen Frau. Kassandra (auch als Alexandra bekannt), die Tochter von König Priamos und Königin Hekabe von Troja, hatte die besondere Gabe, die Zukunft vorhersagen zu können. Woher sie die Gabe genau hatte, weiß niemand so recht – die einen erzählen, dass es ein Geschenk des Gottes Apollon war, der sich unsterblich in Kassandra verliebt hatte, nach einer anderen Überlieferung schleckten die Schlangen im Apollon-Heiligtum die Ohren der Schlafenden, wodurch diese weissagen konnte.

Im Gegensatz dazu herrscht weitgehende Einigkeit darüber, dass Apollon sie dazu verdammte, dass niemand ihren (richtigen) Prophezeihungen Glauben schenken solle, da Kassandra seine Liebe nicht erwiderte. Und so passierte es dann auch: Kassandra sagte die Zerstörung Trojas voraus, aber keiner interessierte sich dafür. Die siegestrunkenen Trojaner schenkten ihr kein Gehör und zogen das hölzerne Pferd in ihre Stadt. Der Rest dürfte bekannt sein (falls nicht, folgen im übernächsten Kapitel noch einige Hintergrundinfos zu dieser Episode). Nach der Eroberung der Stadt nahm Agamemnon die Missverstandene als Sklavin und Konkubine mit sich und beide wurden schließlich von Klytämnestra (Königin von Mykene und Agamemnons Gattin) ermordet.

Naheliegenderweise spricht man auch heute noch von einem *Kassandraruf*, wenn eine Warnung ungehört verhallt. Diese Erfahrung machen wir unter anderem, wenn auf die Ausbeutung der Energiereserven oder den Verlust der biologischen Vielfalt hingewiesen wird. Die Rote Liste der vom Aussterben bedrohten Lebewesen umfasst derzeit beispielsweise 11 167 Organismen – von der bayerischen Kiefern-Wühlmaus über den iberischen Luchs bis zur Saiga, einer asiatischen Steppen-Antilope. Ergänzt wird die Liste durch 5 714 vom Aussterben bedrohte Pflanzenarten. Der Artenschwund liegt derzeit 1 000 bis 10 000 Mal höher als die natürliche Verlustrate.

Bei Kassandra-Risiken sind die Parameter Schadensausmaß und Schadenswahrscheinlichkeit oftmals weitestgehend bekannt. Da allerdings zwischen dem auslösenden Ereignis und dem eintretenden Schaden eine große und ungewisse Zeitspanne liegt, wird fälschlicherweise der Eindruck von Sicherheit erzeugt und entsprechende Warnungen verhallen ungehört im Nirwana: Die übliche Reaktion besteht aus Abwiegelungen und Bagatellisierung: »Bis das Öl alle ist, werden wir schon eine Alternative gefunden haben!« oder: »Die Welt wird sich auch ohne die bayerische Kiefern-Wühlmaus weiter drehen!« Derartige Risiken werden von den Entscheidungsträgern sehr gern verdrängt oder gar nicht erst als Risiko wahrgenommen, da man ihre Auswirkungen wohl ohnehin ni mehr am eigenen Leib erfahren muss.

Medusa

Nach den schönen Frauen Pandora und Kassandra nun zu einem weniger gelungenen Exemplar: In der griechischen Mythologie ist Medusa (wörtlich übersetzt: Herrscherin, Königin), die missgestaltete Tochter des Meergottes Phorkys und seiner Gemahlin Keto, ein wahres Ungeheuer. Medusa war eine der drei Gorgonen, weibliche Wesen von Furcht erregendem Aussehen mit Schlangenhaar, Eberfängen, Stupsnasen, heraushängenden Zungen und goldenen Schuppen. Da Medusa im Gegensatz zu ihren beiden Schwestern Stheno und Euryale nicht unsterblich war, wurde sie zum Trost mit einer ganz besonderen Begabung ausgestattet: Wer Medusa in die Augen blickte, erstarrte auf der Stelle zu Stein.

Guter Trick, aber nicht gut genug für Perseus. Diesem gelang es nämlich (mithilfe der Götter Hermes und Athene), der besagten Medusa, die gerade von Poseidon schwanger war, den Kopf abzuschlagen. Aus ihrem Blut entstand das geflügelte Pferd Pegasus.

Noch heute findet man symbolische Medusenhäupter an historischen Gebäuden, um ein sich näherndes Unheil quasi »zu Stein erstarren« zu lassen und damit abzuwehren. Im Rahmen unserer kleinen Risikotypologie verwenden wir die Bezeichnung Medusa für Risiken, bei denen Schadensausmaß, Schadenswahrscheinlichkeit, Persistenz, Ubiquität und Irreversibilität nicht übermäßig hoch sind, bei deren Anblick wir aber trotzdem in eine panische Starre verfallen. Typisch ist eine solche Reaktion für viele zivilisatorische und »mediengehypte« Risiken, wie beispielsweise Elektromagnetische Felder (EMF), ionisierte Strahlung oder Elektrosmog.

Apropos Medusa: Um unserem Bildungsauftrag gerecht zu werden, erscheint es uns wichtig, an dieser Stelle eine kleine Lernzielkontrolle einzustreuen. Also: Welcher französische Maler hat in seinem Gemälde *Das Floß der Medusa* die Schiffbrüchigen des gleichnamigen Schoners verewigt? Die Antwort findet sich im vorangegangenen Kapitel ...

So weit, so gut. Auf unserem kleinen Exkurs in die Welt der Antike haben wir nun also das Rüstzeug gesammelt, um die unterschiedlichen Risikotypen in unser altbekanntes Riskmap-Schema einzupassen:

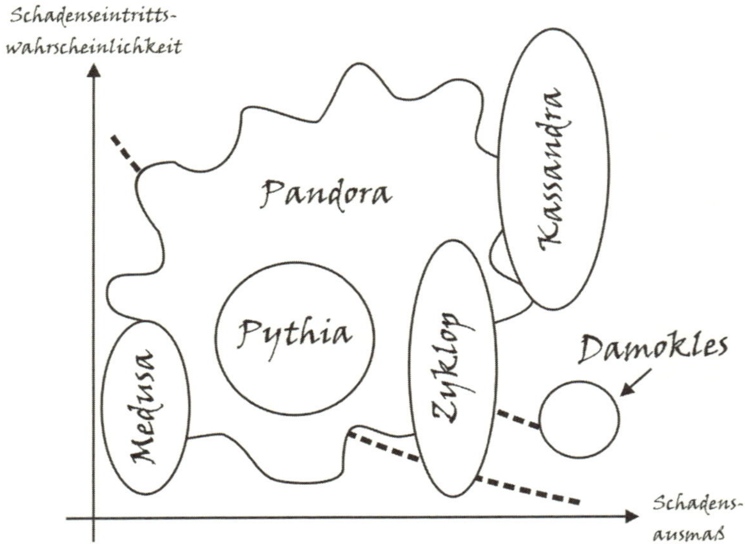

Durch unsere mythisch-antike Klassifikation haben wir außerdem schon wesentlich mehr über unsere Risiken erfahren, als dies bei der sonst üblichen Schadenswahrscheinlichkeit/Schadensausmaß-Sortierung möglich ist. Wir wissen beispielsweise, dass die Risikotypen *Damokles* oder *Zyklop* eher durch seltenes und plötzliches Auftreten charakterisiert sind, während *Medusa*, *Kassandra* und *Pandora* schleichende Gefahren sind und sich *Pythia* sowohl durch schleichende als auch durch abrupte Einflüsse auszeichnen kann. Dass die unterschiedlichen Risikotypen auch unterschiedliche Strategien und Instrumente erfordern, um sie zu bändigen, zu besänftigen oder in irgendeiner Form zu steuern, kann uns nun kaum mehr überraschen.

Risikotyp *Damokles* ist durch eine vergleichsweise geringe Eintrittswahrscheinlichkeit, aber ein hohes Schadensausmaß (Katastrophenpotenzial) gekennzeichnet. Bei komplexen technischen Systemen könnte dieses Risiko beispielsweise durch sehr großzügig bemessene Sicherheitszuschläge oder den Einbau von mehrfach redundanten Back-up-Systemen geschehen (Damokles himself hätten wir beispielsweise geraten, sich einen stabilen Helm und eine Rüstung zu besorgen). Mindestens genauso wichtig ist jedoch eine gelebte Risikokultur und ein effektives und ausgeklügeltes Katastrophenmanagement. Wie das bereits erwähnte Beispiel des Reaktorunfalls von Harrisburg zeigt, werden technische Maßnahmen allein das Risiko eines Reaktorunfalls nicht aus dem Verbotsbereich vertreiben können. Eine gelebte Risikokultur und effiziente Risikokommunikation können jedoch auch die Risiken in einem Atomreaktor maßgeblich reduzieren. Im Fall des GAU (Größter Anzunehmender Unfall; auch MCA genannt, Maximum Credible Accident) nimmt ein effizientes Katastrophenmanagement eine besondere Rolle ein. Daneben können die Auswirkungen einer Katastrophe oftmals auch durch internationale Koordination und Kooperation (etwa im Fall von Terrorrisiken oder Meteoriteneinschlägen) gemildert werden.

Beim Risikotyp *Zyklop* ist die Schadenseintrittswahrscheinlichkeit ungewiss, das Schadensausmaß kann durch Experten jedoch relativ gut eingeschätzt werden. So existieren bereits heute umfangreiche Studien zu den Auswirkungen eines schweren Erdbebens in Los Angeles oder außergewöhnlich starken Überschwemmungen in Bangladesch. Bei den »einäugigen Riesen« sollte man alles daransetzen, den *blinden Fleck* der Eintrittswahrscheinlichkeit weiter zu erforschen. Aber auch die bereits skizzierten technischen und organisatorischen Maßnahmen des Damokles gelten für diesen

Risikotyp, wobei wiederum besonderes Augenmerk auf ein effizientes Katastrophenmanagement gelegt werden sollte.

Die Griechen befragten im Zweifelsfall das Orakel von Delphi mit der Seherin Pythia. Blöd war nur, dass die Weissagungen von Pythia immer doppeldeutig waren. Auch heute gibt es viele Risiken, die wir kaum abschätzen können. Für einen Rückversicherer oder auch einen Lebensversicherer kann die richtige Reaktion auf eine ungenaue Prognose aber ohne Weiteres über die Existenz entscheiden. Analog zum Risikotyp *Zyklop* sollte auch hier oberste Priorität sein, bessere Informationen über Pythia zu sammeln (sowohl hinsichtlich der Eintrittswahrscheinlichkeit als auch bezüglich des Schadensausmaßes) und die Früherkennung zu verbessern. Durch die Optimierung technischer Standards und eine international abgestimmte Vorgehensweise lassen sich im Allgemeinen ebenfalls gute Wirkungen erzielen.

Analog zu Pythia sind auch beim Risikotyp *Pandora* sowohl Eintrittswahrscheinlichkeit als auch Schadensausmaß nicht exakt bekannt. Allerdings sind sich die Experten einig, dass ein »Öffnen der Büchse« globale und irreversible Auswirkungen haben würde. Ziel muss es daher sein, durch Ersatzstoffe, Forschungsanstrengungen oder Verbote die Büchse für immer verschlossen zu halten. So wurden in den vergangenen Jahren etwa Fluorchlorkohlenwasserstoffe (FCKW) durch Substitute ersetzt. Durch ihre hohe Beständigkeit und Reaktionsträgheit gelangen FCKW und Halone bis in die oberen Stockwerke der Atmosphäre (Stratosphäre) und zerstören dort die Ozonschicht, die (nicht nur unser) irdisches Leben vor dem schädlichen ultravioletten Anteil der Sonnenstrahlung schützt. Daneben verstärkt FCKW auch den Treibhauseffekt. Da sich ab Mitte der achtziger Jahre die Befürchtungen kritischer Wissenschaftler über den Ozonabbau durch FCKW immer mehr erhärteten, dürfen FCKW-haltige Kühlmittel seit dem 1. Januar 1995 weder hergestellt noch in Verkehr gebracht werden. Neben solchen regulatorischen Maßnahmen spielen bei Pandora-Risiken jedoch Faktoren wie Risikokultur, Risikobewusstsein und Risikokommunikation sowie technische Verfahren zur Risikobegrenzung eine wichtige Rolle.

Beim Risikotyp *Kassandra* besteht absolute Klarheit und Gewissheit hinsichtlich Eintrittswahrscheinlichkeit und Schadensausmaß. Durch ihr »schleichendes« Auftreten und die Verzögerungswirkung zwischen dem auslösenden Ereignis und dem eintretenden Schaden wird dieser Risikotyp jedoch sehr gern verdrängt. Bei einem Kassandra-Risiko dürfte klar sein (siehe Troja), dass nur ein wachsendes Risikobewusstsein und eine gelebte Risikokultur diesem Negativtrend »Paroli« bieten können. Vorstellbar wäre hier auch ein globales »Risk Assessment Panel«, in dem Unternehmen, supranationale Organisationen und Regierungen die Probleme gemeinsam angehen. Auch eine Selbstverpflichtung der Wirtschaft (etwa in Form eines »code of conduct«) kann die langfristige Verantwortung stärken.

Bei *Medusa* spielt schließlich die subjektive Risikowahrnehmung eine herausragende Rolle. Eintrittswahrscheinlichkeit und Schadensausmaß sind zwar eher als gering einzustufen, allein der Anblick der Medusa löst jedoch Schrecken und »Versteinerung« aus. Ähnlich reagieren viele Menschen, wenn sie an Elektrosmog, Asteoriden, Aids, Amalgam, BSE oder Asbest denken. Seit einigen Jahren gibt es daher auch einen neuen Patiententyp, den eingebildeten Umweltkranken, der an einer »Chemophobie« leidet. Er klagt über chronische Kopfschmerzen, Depressionen und Müdigkeit und führt dies auf irgendein Umweltgift zurück. Das wirksamste Gegenmittel bei Medusa-bedingten Beschwerden sind daher Aufklärung, Maßnahmen zur Vertrauensbildung und eine Risikokommunikation, die Wirkungszusammenhänge, Auslöser und Konsequenzen transparent macht.

So weit, so gut. Obwohl uns der kleine Ausflug in die griechische Mythologie tief gehende Erkenntnisse über den höchst unterschiedlichen Charakter einzelner Risiken beschert hat, widmet sich das vorliegende Buch ja insbesondere der Seefahrt. Verlassen wir daher Damokles, Dionysos, Odysseus, Polyphem, Poseidon, Pythia, Kroisus, Pandora, Zeus, Hephaistos, Prometheus, Athene, Aphrodite, Hermes, Kassandra, Priamos, Apollon, Agamemnon, Medusa, Perseus und wie sie alle heißen und kehren zu unseren irdischen Göttern der Seefahrt, Sugar und Salt, zurück, die nach wie vor im Hafen liegen und auf den nächsten Auftrag warten.

*»Lieber Geld verlieren
als Vertrauen.«*

Robert Bosch

Kapitel 5
Trau, schau, wem!

»Morgen, Morgen!«, ruft Sugar, »was für ein wunderschöner Morgen, heute Morgen, nicht wahr?«

Salt kann diese Begeisterung nicht mal im Ansatz teilen. Es dürfte wohl kaum etwas geben, was er abgrundtiefer hasst, als am Morgen nach einer durchzechten Nacht auf gut gelaunte Menschen zu treffen. Das ist weitaus schlimmer als der Kater. Während er versucht, den tonnenschweren Schraubstock zu lösen, in den sein Kopf seit dem Aufwachen (sofern man in seinem Fall überhaupt von Aufwachen sprechen kann) eingeklemmt ist, grummelt er missmutig ein »Lass mich bloß in Frieden!« in seinen Bart.

Aus purer Not wendet er sich dann doch noch mit gezwungener Freundlichkeit an seinen Kumpel: »Hsmlnsprnfrmch?«, quetscht er sich aus den Lippen.

»Hä???«, entgegnet ihm Sugar leicht überfordert.

»HAST DU MAL EIN A-S-P-I-R-I-N FÜR MICH?«, wiederholt Salt betont laut und deutlich.

»Klar doch!«, meint Sugar und wirft ihm die Packung zu. »Ging wohl noch länger gestern?«, fragt er, wobei er sich einen klitzekleinen Anflug von Schadenfreude nur unter Aufbietung allergrößter Willenskraft verkneifen kann.

»Oh mein Gott – du bist ja fast so schlimm wie meine Mutter!«, sagt Salt und verdreht die Augen. »Aber nach allem, was in letzter Zeit passiert ist, hatte ich schließlich jedes Recht, mich anständig zu betrinken ... übrigens, was machst du eigentlich schon hier? Is doch erst neun Uhr durch.«

»Der frühe Vogel fängt den Wurm! Wollte nur nochmal kurz meine gute alte Pontos wienern«, antwortet ihm Sugar und streicht dabei liebevoll über die goldene Plakette am Rumpf seines schicken Kahns.

»Ich korrigiere mich«, meint Salt, fast schon mitleidig, »du bist noch viel schlimmer als meine Mutter! Was zum Klabautermann kann einen alten Seebären dazu treiben, mitten in der Nacht aufzustehen, um seinen Kutter zu wienern?«

»Kundschaft, Salt, Kundschaft!«, antwortet ihm Sugar. »Wir wollen doch ein gutes Bild abgeben, wenn gleich die ersten Kaufleute kommen! Da muss meine Marke in den ersten Sonnenstrahlen blitzen!«

»Pah ... die Kunden! Denen ist es doch schnurzelpurzelpiepegal, wie dein Kahn aussieht oder wie er heißt. Hauptsache er fährt! Denen geht es doch nur darum, dass du ihr Zeug von A nach B bringst. Und das schaff ich auch mit dreckigen Scheiben und ohne tolles Logo am Bug! Außerdem: Meinen neuen Summer-Special-Angeboten kann eh keiner widerstehen!«

»Täusch dich da mal nicht«, entgegnet Sugar, »Ich verkaufe keine Fahrt von A nach B, ich verkaufe Sicherheit und Effizienz. Und weil der Kunde da auf jedes Detail achtet, ist auch jedes Detail wichtig!«

Salt blickt ungläubig auf die Flasche Rum, die an allem schuld ist und die er offensichtlich auch nach dem Aufwachen noch nicht aus der Hand gelegt hat. »Was für ein Schwätzer«, murmelt er, »viel, viel, viel schlimmer als meine Mutter!«

Kaum eine halbe Stunde später treffen tatsächlich die ersten Kaufleute an der Kaimauer ein, um nach Transportmöglichkeiten für ihre Fracht Ausschau zu halten.

»Hier gibt's den billigsten Laderaum! Ich fahr Euch alles überall hin!«, ruft Salt in die Menge – zwar noch etwas krächzend, aber schon wieder einigermaßen verständlich. Aber kaum einer nimmt Notiz von ihm. Sogar das Plakat, das er vor seiner gestrigen Kneipentour noch gemalt hat (»Fahr mit Salt – ohne Halt!«) und das noch viel greller und bunter ist als sein letztes, scheint keinem aufzufallen. Fast alle, die die Hafenpromenade herunterkommen, steuern schnurstracks auf Sugar zu, der schon bald von einer dichten Menschenmenge umringt ist. Ganz vorn steht Luigi Brillantini, ein weit über die Grenzen der Stadt hinaus bekannter Händler, von dem allerdings keiner so recht weiß, womit er sein Geld verdient.

»Aaaahhhh, meine gutte Freunte Charly!«, ruft er, »könne mache gutte Geschäfte heute!«

»Was hast du denn anzubieten?«, fragt Sugar.

»Aaaahhhh«, meint Luigi, »isse erste Regel bei mir. Du nixe frage, ich nixe sage – du einfach einlade und fahre Ware über Mare. Du wirste reich, ich werte reich, wir beide glücklich ...«

»Nee nee, du, lass mal gut sein«, erwidert ihm Sugar, dem die ganze Sache ohnehin etwas komisch vorkommt, »eigentlich hab ich eh keinen Platz mehr frei.«

»Na gutte, wer nichte will, der hatte schon«, meint Luigi, als er aus dem Augenwinkel Salt wahrgenommen hat, der immer noch einsam und verlassen an der Kaimauer lehnt. Luigi macht auf dem Absatz kehrt und marschiert direkt auf ihn zu.

»Geht noch was bei dir?«, fragt Karl Kaufmann, einer der wichtigsten Großhändler am Ort. »Ich hätte da noch ein paar Kisten Litschi-Pflaumen.«

»Leider bin ich schon fast voll«, meint Sugar, »und ein bisschen Platz brauch ich auch noch für meinen eigenen Kram. Aber wenn du noch was zu transportieren hast, kann ich dir meinen alten Kumpel Henry Salt nur allerwärmstens empfehlen! Und viel günstiger als ich ist er auch noch!«

»Da hast du allerdings Recht ... mir hat er gerade seinen Summer-Special-Rabatt angeboten ... aber wer weiß – vielleicht liegen meine teuren Früchtchen dann im Laderaum neben den vergammelten Bananen der anderen. Außerdem gefällt es mir gar nicht, dass er Geschäfte mit diesem zwielichtigen Luigi macht«, sagt Kaufmann und zeigt auf den benachbarten Anlegeplatz, wo Brillantini und Salt die Köpfe zusammenstecken.

»Na gut!«, meint Sugar, »es sind ja nur vier Kisten – aber nur, weil du Stammkunde bist! Und zum Schnäppchenpreis geht's natürlich auch nicht.«

Kaufmann atmet erleichtert auf. »Puh! Ich wusste doch, dass ich mich auf dich verlassen kann!«

Als die gesamte Ware der Kaufleute verstaut ist, hält ein kleiner Laster am Kai. »Zwei Lieferungen à zehn Kisten für die Herren Henry Salt und Charly Sugar!«, ruft der Fahrer.

»Schnell, schnell«, schreit Salt seine Leute an. »Aufs Schiff damit, bevor jemand sieht, was drin ist!« Hurtig schleppen die Männer die zehn knallroten Kisten mit dem geheimnisvollen Inhalt an Bord.

Auch Sugar lässt seine Ware zuoberst im Laderaum verstauen. »Käpt'n, oh mein Käpt'n ... Was iss'n da drin?«, fragt der Schiffsjunge. »Pssst!«, meint Sugar, »das wird erst im übernächsten Kapitel verraten.«

Externe Risiken – Reputation und Marke

Was ist eigentlich eine Marke?

Hundebesitzer denken vielleicht an die nächste Steuerzahlung, nach der sich ihr bester Freund eines dieser kleinen Schildchen ans Halsband hängen darf. Philatelisten und DeutschePostWorldNet-Mitarbeitern kommt dagegen wohl eher die »Blaue Mauritius« in den Sinn. Und die Bewohner Dresdens erinnern sich bestimmt noch mit Schrecken an die Neun-Meter-vierzig-Jahrtausend-Rekord-Marke der Elbe im August 2002.

Wenn wir davon ausgehen, dass Hundebesitzer, Philatelisten, Postler und Dresdner unter den Käufern dieses Buches in etwa proportional zu ihrem Bevölkerungsanteil vertreten sind, dürften der Mehrzahl der Leser allerdings eher die klangvollen Namen von bekannten Produkten (wie etwa Nutella, Tesa, Nivea, Jacobs, Lätta, Thomy, Gauloises, Pritt, Calgon, elmex, Barilla, Lavazza, Maggi, Haribo, Milka, Ramazotti, Warsteiner, Aspirin, Uhu etc.) oder Unternehmen (wie beispielsweise Coca-Cola, Mercedes-Benz, Sony, Gucci, IBM, Rolex, Nike, Microsoft, Porsche, Levi's, Boss etc.) in den Sinn kommen.

Aber warum fallen uns diese und ähnliche Namen ein, wenn wir das Wort »Marke« hören? Nur weil diese Namen so einen hübschen Klang haben und wir ihnen mehrmals täglich in den Fernsehwerbepausen begegnen? Oder steckt vielleicht doch mehr dahinter?

Diese Fragen bringen uns einem Markenverständnis auf die Spur, das ebenso weit verbreitet wie falsch ist. Zunächst einmal ist die Marke weitaus mehr als irgendein Produkt mit irgendeinem Logo. Marke ist die Idee und das Konzept, das hinter dem Produkt steht, es charakterisiert und differenziert. Und (ganz wichtig!) Marken vermitteln Werte, sie geben ihren Produkten einen Sinn: Wir erinnern uns an die Aussage von Sugar: *»Ich verkaufe keine Fahrt von A nach B, ich verkaufe Sicherheit und Effizienz.«*

Ganz ähnlich wie unser Kapitän äußerte sich kürzlich auch Jeffrey Bluestein, der Chef von Harley-Davidson, als er mindestens ebenso treffend formulierte: »Wir haben aufgehört, Motorräder zu verkaufen, wir verkaufen jetzt Lebensphilosophie. Das Bike gibt's als kostenlose Dreingabe.«

Treffen die Botschaften und Werte einer Marke ins Herz der Kunden, ist so ziemlich alles möglich. Marken, an die sich die Menschen im Laufe der Zeit binden, erreichen oftmals einen Status, in dem sie über jeden Zweifel erhaben sind. Die höchste Form der Verbrüderung ist sicherlich dann erreicht, wenn der Kunde zum Fan wird.

Egal wie oft der übermächtige FC Bayern noch die Meisterschale vom Rathausbalkon über den Münchner Marienplatz schwenken wird oder wie hoch der Bayern-Sieg im letzten Lokalderby ausgefallen ist: Ein echter 1860er wird nie, nie, nie von Blau zu Rot wechseln: »Einmal Löwe – immer Löwe!«

Zugegebenermaßen fällt es den profaneren Produkten des täglichen Bedarfs weitaus schwerer, eine ähnlich euphorische Begeisterung der Käufer beziehungsweise Fans für sich zu wecken wie dies bei »König Fußball« der Fall ist. Trotzdem sind wir uns absolut sicher, dass jeder, der diese Zeilen liest, für irgendein Produkt eine ganz besondere Form der Zuneigung und Bewunderung empfindet.

Die Loyalität, mit denen die Kunden *ihrer* Marke verbunden sind, hat natürlich auch eine immense wirtschaftliche Bedeutung. Wenn Produkte und Dienstleistungen immer ähnlicher und austauschbarer werden, bleibt als letzter originärer Wertetreiber einzig und allein die Marke. Es war natürlich kein Zufall, dass Salt ausgerechnet nach einer Aspirin gefragt hat und nicht nach einer beliebigen anderen Tablette auf Acetylsalicylsäure-Basis, die exakt dieselbe Wirkung entfalten würde. Ihr Geld verdient die Bayer AG nicht mit ihrer Acetylsalicylsäure, sondern mit ihrer Marke ASPIRIN®.

Die positive Energie, die von Marken entfesselt wird, lässt sich nicht zuletzt an der Entwicklung von Firmen ablesen, die eine konsequent markenzentrierte Unternehmensstrategie verfolgen. Als wohl prominentestes Beispiel mag hierbei die Coca-Cola Company gelten, bei der die aktuelle Marktkapitalisierung von knapp 110

Milliarden US-Dollar den Buchwert von gut zwölf Milliarden US-Dollar um mehr als das Neunfache übersteigt.

Bekanntermaßen gibt's auf dieser Welt aber nix geschenkt – schon gar nicht das Vertrauen der Kunden. Das will hart erarbeitet werden, und zwar jeden Tag aufs Neue. Marke ist nun mal in erster Linie Vertrauenssache. Ohne das Vertrauen der Kunden wird keine Marke und kein Unternehmen überleben können.

Ein alter Börsianerspruch sagt: »Kapital hat das Herz eines Hasen, die Beine eines Rehs und das Gedächtnis eines Elefanten.« Diese Aussage kann man eins zu eins auf das wichtigste Kapital jedes Unternehmens übertragen: den Kunden. Marken sind zweifellos äußerst fragile und sensible Systeme, und oft genügen schon kleinste Unstimmigkeiten, um die Zuneigung des Kunden nachhaltig zu erschüttern: ein neues Design, der Wegfall einer lieb gewonnenen Funktion, ein zu schriller oder zu konservativer Werbeauftritt oder die Unfreundlichkeit der Dame an der Kasse.

Wie die Erfahrung zeigt, resultieren die größten Risiken dabei nur in den seltensten Fällen aus externen Faktoren. In aller Regel ist vielmehr das eigene Fehlverhalten des Unternehmens der entscheidende Auslöser für eine Beschädigung der Marke: Marken werden von innen zerstört. Die wesentlichen Gefahren, die in diesem Zusammenhang zu beachten sind, lassen sich beispielsweise anhand der folgenden Risikofelder klassifizieren:

Risiken in der Distributionspolitik

Irgendwie ist es doch komisch: Da sitzen Tausende von hochintelligenten und hoch bezahlten Spezialisten in den Unternehmenszentralen unserer großen Konzerne und entwickeln die ausgeklügeltsten Produkte, die man sich nur vorstellen kann. Und dann geben sie diese makellosen, perfekten und vollkommenen Schätze ohne mit der Wimper zu zucken in wildfremde Hände. Und oftmals noch in schlechte wildfremde Hände. Nach der Auslieferung an den Händler ist das Produkt der Kontrolle des Herstellers entzogen. Und Kontrollverlust bedeutet immer Risiko!

Denn wer kann schon garantieren, dass der Handel die Produkte gut »be-handelt«? Werden sie wirklich markenaffin präsentiert? Preisnachlässe, die Abschiebung in abgelegene »Ramschecken«, ungepflegte Regale, unfreundliches Personal et cetera sind leider immer noch keine Ausnahmen. So wie die Fäulnis der Bananen in Salts Laderaum auf Karl Kaufmanns exquisite Litschi-Pflaumen überspringt, so färbt auch das Ambiente des viel beschworenen »Point of Sale« auf die eigenen Produkte ab.

Risiken in der Preispolitik

»Was nix koscht, isch nix wert!« Schon die Tatsache, dass dieses Motto gerade im Schwabenländle (dessen Bewohner ja nicht unbedingt für ihre hedonistische Verschwendungssucht bekannt sind) einen überdurchschnittlich hohen Stellenwert genießt, sollte uns hellhörig machen.

Nach wie vor ist der Preis immer noch ein Indikator für Qualität. Ein Markenartikel muss auf jeden Fall – im Wortsinn – »preis-wert« sein, aber in keinem Fall billig. Karl Kaufmann wendet sich nicht an den billigen Jakob beziehungsweise Henry Salt – die Sicherheit eines verlässlichen Kapitäns wie Sugar ist ihm durchaus einen Preisaufschlag wert.

Unter den momentanen Wettbewerbsbedingungen ist es sicherlich äußerst schwierig, eine so konsequente Preisdisziplin zu üben. Aber langfristig gesehen kann das süße Gift des Rabattes tödlich sein. Stellen Sie sich vor, Sie haben sich gestern eine neue Uhr gekauft, genau die, die Sie schon immer haben wollten. Die absolut schönste und beste Uhr der Welt. O.k., sie war nicht ganz billig. Aber schon bei dem bloßen Gedanken, dass Sie dieses kleine Wunderwerk für den Rest Ihres Lebens am Handgelenk tragen dürfen, stellt sich ein wohliges Kribbeln in Ihrem Nacken ein ... und am nächsten Tag sehen Sie genau diese Uhr – Ihre Uhr! – als ein um zwanzig Prozent reduziertes Sondermodell im Laden nebenan. Welches Gefühl überwiegt in diesem Moment? Die Freude über die neue Uhr oder der Ärger über den Händler beziehungsweise den Hersteller?

Ähnliche Risiken lauern bei der Verwertung von ausgelaufener Saisonware oder der Abgabe von Überschussmengen als »weiße Ware« an den Handel. Wenn jeder weiß, dass der Hersteller A das Produkt X nur anders verpackt und dann zum halben Preis über ALDI & Co. verkauft – warum sollte sich dann noch irgendjemand das Original besorgen?

Insbesondere im Luxussegment ist die Marke offensichtlich Symbol der Abgrenzung. Macht sie sich durch Preissenkungen weiten Teilen der Bevölkerung zugänglich, wird dieser Statusverlust mit dem Vertrauensentzug der Elite bestraft, die ihr Distinktionsbedürfnis fortan mit anderen Marken befriedigt.

Risiken in der Produkt- und Sortimentspolitik

Marke bedeutet die Verpflichtung zu höchstmöglicher Qualität. Jedes neue Produkt, das unter einem Markennamen erscheint, muss mindestens auf demselben Qualitätsniveau wie die bereits vorhandenen sein. Aber je mehr unterschiedliche Produkte sich unter einem Markennamen versammeln, desto schwieriger wird es, dieses Versprechen zu erfüllen. Höhere Komplexität, Kontrollverlust über die gesamte Wertschöpfungskette und schon allein die schiere Anzahl neuer Produkte erhöhen das Risiko, dass der Kunde negative Erfahrungen macht. Negative Erfahrungen, die – egal, ob berechtigt oder nicht – dann auch blitzschnell auf die anderen Produkte übertragen werden und somit die Marke insgesamt schädigen.

Unter diesem Aspekt kann sich beispielsweise die so genannte »Plattform-Strategie«, die von vielen Automobilherstellern verfolgt wird, als zweischneidiges Schwert erweisen: Wenn eine möglichst große Anzahl an identischen Teilen in einer möglichst großen

Anzahl unterschiedlicher Modellreihen verbaut werden kann, treibt das jedem Controller sturzbachartige Freudentränen in die Augen: Höhere Anzahl von Gleichteilen heißt schließlich höhere Einkaufsvolumina, geringere Komplexitätskosten, einfachere Wartungsmöglichkeiten ... im Endeffekt: sinkende Kosten!

Aus Kundensicht ist das Bemühen um die Herstellung qualitativ hochwertiger Produkte zu vernünftigen Preisen natürlich prinzipiell zu begrüßen. Wie so oft im Leben, besteht jedoch auch bei der Standardisierung die Gefahr, über das Ziel hinauszuschießen: Warum soll ich einen Sack voll Geld für das Modell A auf den Tisch des Hauses legen, wenn das Modell B 5 000 Euro weniger kostet und den gleichen Motor, das gleiche Getriebe, die gleichen Scheinwerfer et cetera hat?

Auf diese Weise kannibalisieren sich die Produkte eines Unternehmens gegenseitig. Ehemalige Käufer von Premiumprodukten wandern zu den weitaus billigeren Modellen ab, da sie dort eine vergleichbare (wenn nicht gar die identische) Technik und Qualität zu einem wesentlich günstigeren Preis erhalten. Ein solches Verhalten ist schon schlimm genug, viel schlimmer ist es jedoch, wenn der Wechsel des Produkts nicht innerhalb des eigenen Unternehmens stattfindet. Es ist durchaus vorstellbar, dass sich ein Privatbankier für den nächsten Autokauf von Ingolstadt nach München oder Stuttgart fahren lässt, weil er es nicht aushalten kann, dass die Familienkutsche seines Chauffeurs zu einem nicht unerheblichen Teil aus den gleichen Komponenten besteht wie seine Luxuskarosse.

Risiken in der Kundenpolitik

Bedeutende Risiken können schließlich auch dann entstehen, wenn ein Produkt »schlechte« Kunden hat. Bei einer Betrachtung durch die Controllerbrille ist ein Kunde dann »schlecht«, wenn er weniger einbringt, als er kostet. Die Ermittlung des Kundenwerts als (auf- oder abgezinster) Saldo der erwarteten Erträge und Aufwendungen aus der Kundenbeziehung ist dabei keineswegs ein triviales Problem, zu dessen Lösung bereits eine Vielzahl versierter und teilweise hochkomplexer Methoden vorgeschlagen wurde.

An dieser Stelle soll nicht über den Sinn und Zweck dieser Verfahren diskutiert werden. Viel wichtiger erscheint es, die zugrunde liegende Denkhaltung zu hinterfragen. Schließlich kann ein Kunde, der aus Controllingsicht »exzellent« ist (d. h. einen hohen Kundenbarwert aufweist), unter Markenaspekten »grottenschlecht« sein, da er der Marke größeren Schaden zufügt, als er jemals durch seine Deckungsbeiträge erwirtschaften kann.

Luigi Brillantini würde beispielsweise bei jedem Kundenbewertungsverfahren mit Bestnote abschließen. Er kauft seine diamantenbesetzten goldenen Uhren im Zehnerpack ein und zahlt immer bar (in kleinen, gebrauchten Scheinen!). Controllerherz, was willst du mehr? Aber welche Wirkung entfaltet ein solcher Kunde auf die Marke Salt? Die Reaktion von Karl Kaufmann spricht Bände: *»Zu einem, der fragwürdige Geschäfte mit zwielichtigem Gesindel macht, kann ich doch kein Vertrauen haben! Ich lass mich doch nicht mit Leuten wie Luigi Brillantini auf eine Stufe stellen!«*

Eine sehr exklusiver Schweizer Uhrenmarke hatte vor einiger Zeit genau dieses Problem: Ihre Stammkundschaft war mehr oder weniger identisch mit der Leserschaft des vorliegenden Buches: Topmanager, alteingesessene Adlige, Großgrundbesitzer, Privatbankiers, Künstler et cetera – insgesamt ein illusterer Kreis hochseriöser Menschen. Dummerweise waren die goldenen Uhren aber nicht nur bei den gesellschaftlichen Eliten heiß begehrt, sondern auch bei allerlei – nun ja, sagen wir mal »zwie- und rotlichtigen« – Gestalten aus den einschlägigen Milieus. Zu allem Überfluss stellte diese Klientel ihre Uhren auch noch demonstrativ zur Schau, wenn sie ihre breit bereiften Cabrios schwäbischer oder amerikanischer Bauart durch die deutschen Bahnhofsgegenden kutschierten. Dass unter diesen Umständen die Stammkundschaft ein ganz klein wenig irritiert war und sich von der Marke abwandte, kann also nicht überraschen – wer stellt schon gern fest, dass sein Zuhälter dieselbe Uhr trägt wie man selbst?

Aus Sicht des Uhrenherstellers wäre es also – langfristig gesehen – profitabler gewesen, kurzfristig auf bestimmte Kunden zu verzichten. Zugegebenermaßen sind diese Effekte nicht exakt steuerbar: Wenn man Luigi Brillantini erklären müsste, er sei als Kunde nicht erwünscht, würde man sich wahrscheinlich nach einem sehr überschaubaren Zeitraum in Betonschuhen auf dem Grund des Hafenbeckens wieder finden. Nichtsdestotrotz kann die Zusammensetzung der eigenen Kundschaft durch einen entsprechenden Marktauftritt sowie geeignete Maßnahmen im Bereich der Preis- und Distributionspolitik wirksam beeinflusst werden.

Risiken im Bereich Design/Advertising

Wovon leben Werbeagenturen und Product-Designer? Richtig – davon, dass sie kreativ sind! Und woran erkennt man die Kreativität von Werbeagenturen und Product-Designern? Auch richtig – daran, dass sie möglichst alles anders machen wollen! Wobei »anders« in diesem Zusammenhang nicht unbedingt »besser« heißen muss.

Studien wiesen für die USA und Deutschland nach, dass etwa die Hälfte bis zwei Drittel aller Werbekampagnen ohne Wirkung verhallen. Die Floprate von neuen Produkten liegt zwischen 40 und 60 Prozent im ersten Jahr. Ein äußerst riskantes und teures Glückspiel, auf das sich viele Unternehmen aber trotzdem immer wieder einlassen.

Früher hatten beispielsweise die freiheitsliebenden Kreaturen unter uns die Wahl, ob sie lieber »meilenweit für eine Zigarette gehen« (so der Slogan von CAMEL) oder sich doch lieber aufs Pferd schwingen wollten (so die Bildersprache von MARLBORO). Während MARLBORO das Image von Freiheit, Abenteuer und echten Männerfreundschaften am Lagerfeuer seit Jahrzehnten konsequent pflegt, grinste den Camel-Rauchern lange Zeit unter anderem ein Kamel in Lederstrapsen von den Plakatwänden entgegen (Slogan: »Lass Dich von Deiner Camel verwöhnen«). Dass sich ein gerade aus dem Amazonas zurückgekehrter Dschungelheld hiervon nicht unbedingt angezogen fühlt, erscheint plausibel. Durch unterschiedliche Motive erschien die Werbung nicht mehr authentisch. Demgegenüber erwies sich die Marke MARLBORO als so stark, dass mühelos mehrere Produktvariationen (Light, Medium, Menthol etc.) unter ihrem Dach Platz fanden.

Das Ergebnis spricht eine deutliche Sprache: Während der MARLBORO-Mann fester denn je im Sattel sitzt (fast jede dritte in Deutschland verkaufte Zigarette wird mit dem Gedanken an ein Lagerfeuer geraucht), sackte der CAMEL-Marktanteil inzwischen ins völlige Niemandsland ab. Insofern ist das arme Tier noch schlechter dran als unser Kapitän Salt, dem sein neues buntes Schild allerdings auch keinen großen Kundenzuspruch bescheren konnte.

Das Risiko, Stammkunden zu vergraulen, ohne Neukunden zu gewinnen, lässt sich am besten durch Kontinuität erreichen, durch fortlaufende Bestätigung der bereits kommunizierten Botschaften und des eigenen Stils. Die individuellen Werte einer Marke sind kaum einem zeitlichen Wandel unterworfen, sondern drücken sich in einem einmaligen und unverwechselbaren Stil aus. Wobei Kontinuität und Stabilität in diesem Zusammenhang keineswegs mit Stillstand gleichzusetzen sind. Oberste Maxime jeder Neu- und Weiterentwicklung muss aber das Prinzip der Selbstähnlichkeit sein. Jedes Detail einer Marke muss vollgültig das Ganze widerspiegeln. Alle erfolgreichen Marken haben einen eigenen, unverwechselbaren Stil entwickelt und über viele Jahre hinweg sorgsam gepflegt.

Natürlich sieht auch die Coca-Cola- oder Maggi-Flasche des Jahres 2003 anders aus als ihre hundert Jahre ältere Verwandte. Die typischen und charakteristischen Stilmerkmale wurden jedoch beibehalten und sind auf Anhieb wieder erkennbar. Eine solche Verpflichtung zur Selbstähnlichkeit begrenzt zwar die Schaffenskraft der Kreativen. Unter Risikoaspekten dürfte dieser Einschnitt allerdings verkraftbar sein.

Hauen Sie Ihrer Werbeagentur also ruhig mal auf die Finger!

Und wenn Sie dabei auch noch den Controller erwischen – umso besser!

*»Wo aber Gefahr ist,
wächst das Rettende auch.«*

Johann Christian Friedrich
Hölderlin

Kapitel 6
In Deckung!

»Plong, plong, plong, plong, plong, plong, plong, PLING!, plong, plong«. Eigentlich ist Sugar ja gerade mit Schäfchenzählen beschäftigt, aber das »PLING!« lässt ihn sofort aus seiner Koje hochschrecken. Ein »PLING« statt des üblichen »plong« bedeutet meist nichts Gutes. Schnell springt er auf und stürmt zur Brücke.

Der Radaroffizier an Bord des Schiffes starrt aufgeregt auf seinen Monitor. »Käpt'n, Käpt'n, die Instrumente zeigen ein nicht identifiziertes Objekt – zwölf Seemeilen voraus auf drei Grad Nord!«

»Lassen Sie mal sehen!«, meint Sugar und blickt auf den Schirm. Tatsächlich – jedes Mal, wenn der Radarstrahl über die angegebene Stelle huscht, blitzt ein kleiner Lichtpunkt auf, begleitet von diesem beunruhigenden »PLING!«.

›Heiliger Klabautermann!‹, denkt sich Sugar und lässt sich in seinen Stuhl auf der Kommandobrücke plumpsen. »Alarmstufe rot! Alle Mann auf Gefechtsstation! Schilde aktivieren!«, ruft er.

»Fordern Sie das fremde Schiff auf, sich zu identifizieren! Ach ja, und senden Sie noch Grußbotschaften auf allen Frequenzen und in allen Sprachen!«, befiehlt er seinem Kommunikationsoffizier. Den letzten Satz hatte Sugar einmal in einer Fernsehserie aufgeschnappt. Er ist der Ansicht, dass dieser Befehl außerordentlich professionell klingt.

Obwohl das Adrenalin in der Luft fast mit Händen zu greifen ist, bricht auf der Brücke keine Hektik aus. Konzentriert und ruhig erledigen die Männer ihren Job. Schließlich ist diese Situation alles andere als neu für sie. Wieder und wieder haben sie den Ernstfall geprobt. Jeder weiß genau, was er jetzt zu tun hat. Nach wenigen Minuten sind alle auf ihrem Posten. Auf der Brücke macht sich eine gespenstische Ruhe breit, die nur von dem rhythmischen »plong, plong, plong, PLING!« des Radarschirms unterbrochen wird.

»Ausguck an Brücke!«, schallt es blechern aus dem Lautsprecher im Kommandostand.

»Sprechen Sie! Was gibt's Neues?«, fragt Sugar.

»Am Horizont bewegt sich was!«, berichtet der Mann im Krähennest.

»Auf den Schirm!«, befiehlt Sugar.

Der große Monitor an der Frontscheibe flackert kurz und zeigt die See, die fast regungslos vor ihnen liegt. Das Weltmeer – unendliche Weiten ...

»Schon irgendeine Reaktion?«, fragt Sugar seinen Kommunikationsoffizier.

»Nein«, antwortet der, »nichts! Alle unsere Funksprüche werden komplett ignoriert.«

Sugars Blick schweift zurück auf den Bildschirm. Ganz weit hinten, wo sich Himmel und Meer berühren, schiebt sich ein Mast mit einer kleinen schwarzen Flagge langsam den Horizont hinauf.

»Piraten!«, sagt Sugar. »Männer, ihr wisst, was ihr jetzt zu tun habt!«

Kaum hat er den Satz vollendet, blitzt auf dem entgegenkommenden Schiff das Mündungsfeuer der Kanonen auf.

»Klar zum Gefecht!«, ruft Sugar. »It's showtime!« Die ersten feindlichen Kugeln platschten einige dutzend Meter vor dem Schiff ins Wasser.

»Kanone eins bis vier klarmachen!«, befiehlt Sugar.

Seine letzten Worte gehen in einem ohrenbetäubenden Knall unter. Das Schiff ächzt und zittert.

»Was war das?«, fragt der Kapitän. »Schadensmeldung!«

»Kein Problem!«, informiert ihn sein Verteidigungsoffizier. »Wir haben einen Treffer abgekriegt, aber die Schilde halten. Außer ein paar Kratzern ist nichts passiert.«

»Na, Euch werd ich's zeigen!«, ruft Sugar wütend. »Kanone eins: Feuer! Kanone zwei: Feuer! Kanone drei: Feuer! Das müsste fürs Erste reichen!«

Und ob es reicht! Sekundenbruchteile, nachdem Sugar den Befehl zum Gegenangriff erteilt hatte, ist von der waffenstarrenden Seeräuberfregatte nur noch Sperrholz übrig. Hals über Kopf flüchtet sich der Schrecken des Weltmeers in dasselbige.

»So weit, so gut«, meint Sugar und wendet sich an seinen Rettungsoffizier. »Lassen Sie ein paar Boote zu Wasser! Die nächste Insel ist ja nur zwei Meilen von hier. Dort kann die Polizei das Pack auflesen. Ach ja, noch was: Setzen Sie 'nen Funkspruch an Salt ab und sagen Sie ihm, er soll vorsichtig sein: Piraten sind wie Kakerlaken – wenn einer da ist, sind meistens auch mehrere da!«

Währenddessen nur wenige Seemeilen weiter westlich …

»Chef! Funkspruch von Sugar! Er hatte wohl 'ne unerfreuliche Begegnung mit Piraten!« Salts Funker reicht seinem Kapitän den Zettel mit der Meldung.

»Der Kerl soll bloß meine Frequenzen freihalten!«, meint dieser, »schließlich habe ich wichtige Geschäfte zu erledigen!«

»Soll ich vielleicht nochmal versuchen, die Schilde aufzubauen?«, fragt Salts Kombüsenjunge.

»Schilde aufbauen?«, entgegnet Salt, »hast du das nicht schon längst erledigt?«

»Nicht wirklich ...«, antwortet der Kombüsenjunge. »Diese Dinger sind echt total kompliziert zu installieren. Die Bedienungsanleitung haben wir nur in Koreanisch. Auf der Steuerbordseite stehen sie so einigermaßen. Ob das im Fall des Falles hält, will ich aber auch nicht beschwören.«

Salt krault sich das Kinn und meint dann: »Ach nee, lass mal gut sein. Das ist mir jetzt echt zu viel Aufwand. Da draußen sind so viele Schiffe, warum sollen sie dann ausgerechnet uns angreifen? ... So, ich hau mich jetzt erst mal aufs Ohr, war schließlich wieder 'ne lange Nacht gestern.«

Kurze Zeit später wird Salt auf höchst unsanfte Weise aus dem Schlaf gerissen.

»Pi'aten! Pi'aten! Pi'aten! Das ganze Mee' ist volle' Pi'aten!«, schreit der Mann im Ausguck. Gleichzeitig trommelt der Bootsmaat mit beiden Fäusten an die Tür der Kapitänskajüte.

»Oh shit!«, stöhnt Salt und hechtet auf die Brücke. »Äh, ja, also ... ihr wisst ja Bescheid!«, befiehlt er seiner Mannschaft. »Wir machen das Übliche: Schilde hoch, Kanonen laden usw., usw.!« Die ratlosen Gesichter seiner Mannschaft machen ihm unmissverständlich klar, dass hier schon wieder ein schwerwiegenderes Problem vorzuliegen scheint.

»Schilde hochfahren is nich, Käpt'n!«, meint derBootsmaat, »dummerweise haben wir keine. Der Kombüsenjunge hätte sie installieren sollen, hat's aber offensichtlich nicht gebacken gekriegt. Beim Versuch, die Dinger hochzufahren, sind sie leider abgebrochen!«

»Was? Das darf doch wohl nicht wahr sein!« Sichtlich nervös rennt Salt auf der Brücke umher, kalter Schweiß steht auf seiner Stirn. »Sauhaufen, elendiger!«, brüllt er. »Schnell, die Kanonen! Zurückschießen! Beeilt euch!«

Hektisch versucht die Mannschaft seinem Befehl Folge zu leisten. Doch leider mit wenig Erfolg. Noch bevor die Matrosen die Kisten zur Seite räumen können, die sich vor den Kanonen stapeln, schlägt eine Kugel in den Laderaum des Schiffes ein. Nach einer Schrecksekunde bricht nun endgültig das blanke Chaos aus. Die Matrosen rennen wild durcheinander, jedem steht die Todesangst ins Gesicht geschrieben.

»Hilfe! Hilfe! Rette sich, wer kann!«, kreischt der Kombüsenjunge und hechtet zum erstbesten Rettungsboot.

»Ihr feigen Memmen! Wollt ihr denn das Schiff einfach aufgeben?«, versucht Salt die aufgeregten Schreie seiner Mannschaft zu übertönen. Aber keiner hört ihm mehr zu. Ein ums andere Mal schlagen die Kugeln von dem gegnerischen Schiff ein, während die Mannschaft in Panik versucht, die letzten Plätze in den Rettungsbooten zu ergattern. Schon haben die Piraten auf backbord beigedreht und beginnen, das Schiff zu entern.

Salt schafft es gerade noch rechtzeitig, über die Reling zu springen. Der blitzende Säbel eines besonders blutrünstig aussehenden Seeräubers verfehlt ihn nur um Haaresbreite. Immerhin hat er vom Wasser aus den besten Blick auf sein ehemals stolzes Schiff. Sein Ein und Alles, sein Lebenswerk, das jetzt in den Händen von gesetzlosen Verbrechern ist.

Das hämische Gelächter der Seeräuber, ihre Freude über den leichten Sieg und die fette Beute, sind derweil fast bis zur Küste zu hören.

Nachdem Salt einige Stunden einsam und verlassen im Meer gedümpelt war, treibt schließlich ein verloren gegangenes Rettungsboot auf ihn zu. Seit er damals vor Madagaskar den Zwölf-Meter-Hai mit bloßen Händen erlegen musste (so zumindest seine Version der Geschichte), hatte er kaum einen glücklicheren Moment erlebt. Seine Freude steigert sich ins Unermessliche, als er feststellt, dass in dem Rettungsboot auch noch acht der geheimnisvollen knallroten Kisten liegen, die er im Hafen gekauft hatte. Ein Wunder – zweifellos. Anscheinend sind Neptun und Poseidon doch auf seiner Seite! Er zieht die Ruder heraus und legt sich mächtig in die Riemen. Die Küste ist nicht weit ... wenn das Wetter hält, könnte er es in zwei Tagen schaffen.

IT-Risiken

Am 21. Oktober 1401 wurde Claus Störtebeker, der wohl berühmteste Seeräuber der deutschen Geschichte, auf dem Hamburger Grasbrook enthauptet. Auch 71 Mitglieder seiner Bande – die so genannten *Likedeeler* (übersetzt »Gleichteiler«, da sie ihre Beute stets zu gleichen Teilen unter sich aufteilten) – wurden noch am selben Tag um Kopf und Kragen gebracht. Das Ende des populären Vorzeigepiraten bedeutete jedoch mitnichten auch das Ende des Seeräubertums. Vielmehr erlebt dieses Handwerk gerade in unserer Zeit, über 600 Jahre nach Störtebekers Tod, eine beeindruckende Renaissance.

Heute sind die segelnden Outlaws von damals vor allem in den Weiten des Internets und auf den internationalen Finanz- und Gütermärkten unterwegs. Man erkennt sie nicht an schwarzen Flaggen mit Totenkopf und gekreuzten Knochen, Augenklappen, Enterhaken, Kanonen oder Dolchen. Eigentlich erkennt man sie gar nicht. Und es gibt auch keine Warnschüsse vor den Bug mehr. Aber sie sind da – 24 Stunden am Tag, sieben Tage die Woche. Damals wie heute ist die Seeräuberei ein echter Fulltimejob.

Störtebekers Nachfahren haben es allerdings nicht mehr nötig, ihren Kopf zu riskieren, indem sie mit lautem Geschrei über ahnungslose Seefahrer herfallen und diese zum Kampf auf Leben und Tod herausfordern. Auch der Gesetzlose profitiert von den Segnungen der modernen Technik. »State-of-the-Art«-Piraten operieren im Internet, in illegalen CD-Presswerken oder einfach nur auf der Straße.

Die Produkt- und Markenpiraterie, also das illegale Nachmachen marken-, patent- oder urheberrechtlich geschützter Handelswaren – gefälschte Rolex-Uhren, schwarz kopierte Software oder billig produzierte Nike-Schuhe –, ist ein Wachstumsmarkt par excellence. Sobald ein Tourist in Hongkong morgens die klimatisierte Lobby seines Hotels verlassen hat, vergehen keine zehn Sekunden, bis er zum ersten Mal die Frage »Mister, you want Copy-Watches?« hört – eine Frage, die ihn nicht nur in dieser Stadt für den Rest des Tages auf Schritt und Tritt begleiten wird. Und auch in den unendlichen Weiten des Internets erfreut sich die Spezies der »e-Piraten« eines atemberaubenden Wachstums. Während in den achtziger Jahren vor allem die Piratensender zunahmen, sind die Seeräuber in der Zwischenzeit von UKW auf TCP/IP (Transmission Control Protocol/Internet Protocol, gehört zu einer Familie von Protokollen, die zum Datenaustausch zwischen Rechnern dienen) umgeschwenkt.

Mit illegal kopierter Software erreichen Produktpiraten in Vietnam einen Marktanteil von sagenhaften 98 Prozent (Weltrekord!), in der Volksrepublik China sind es 94 Prozent, in Russland 88 Prozent und beispielsweise in Polen, Spanien und Italien immer noch circa 30 Prozent. Die hierdurch verursachten Schäden werden auf zweistellige Milliardenbeträge geschätzt. Die entsprechenden Zahlen für Kassetten, CDs und andere Tonträger sowie Filme auf Video und DVD dürften sich in ähnlichen Dimensionen bewegen.

Vordergründig scheint es sich dabei um einen Kampf mit extrem ungleich verteilten Waffen zu handeln: auf der einen Seite die Welt der Multi-Milliarden-Dollar-schweren Software-, Platten- und Filmindustrie mit ihren Heerscharen von Anwälten sowie die hervorragend ausgebauten Polizei- und Geheimdienstapparate unserer modernen Gesellschaft. Auf der anderen Seite pubertierende Schüler, die auf dem Pausenhof ihre Tapes verschachern oder das illegale Presswerk in einer verlotterten Garage südlich von Shenzhen.

Doch wie so oft gewinnt auch in dieser David-gegen-Goliath-Konstellation nicht der Große, sondern der Flinke und Wendige. Natürlich versucht die Industrie, ihr Risiko so weit wie irgend möglich zu minimieren, und bereichert unser Leben fast täglich mit neuen Kopierschutzmechanismen und Knebelklauseln in den Lizenzvereinbarungen. Doch wie die Statistiken belegen, scheint gegen die grassierende Kopierlust kein Kraut gewachsen zu sein. Nicht zuletzt führen die aufwändigen Abwehrmaßnahmen im Endeffekt sogar dazu, dass der Ehrliche wieder mal der Dumme ist. Wie ärgerlich es ist, von den Programm-CDs des offiziell erworbenen Office-Pakets keine Sicherheitskopie zu besitzen, weil dies technisch nicht möglich oder rechtlich nicht zulässig ist, merkt man im Zweifel erst dann, wenn der Original-Datenträger gerade vom Bobbycar des Sprösslings überrollt wurde.

Neben der Spezies der Schwarzkopierer und Plagiateure existiert schließlich noch die Welt der *Hacker, Cracker* und *Script Kiddies.* Und der Eintritt in diese Welt ist einfacher, als man denkt. Der Satz »Ich bin drin« oder »Ich bin jetzt im Internet« hat eine versteckte, aber nicht zu unterschätzende Bedeutung, die vielen Unternehmen und Anwendern leider nicht bewusst ist. »Ich bin drin« heißt: Ich bin ein Teil des Internets geworden. Ich segle gemeinsam mit Cyber-Terroristen auf dem weltumspannenden Ozean des Internets. Ich bin eine von circa 4,2 Milliarden möglichen IP-Adressen. Und alle können mich sehen! Willkommen auf den »dunklen Seiten« des Internets! Denn die gibt es auch!

Aber was sind Hacker, Cracker oder Script Kiddies eigentlich genau?

Zunächst einmal ist ein Hacker jemand, der sehr viel Ahnung von Computern, Elektronik und Systemen hat. Hacker wollen lernen und Informationen ergattern. Sie sind neugierig oder möchten einfach nur beweisen, dass etwas geht, dass sie es schaffen können. Ihr Ziel besteht nicht darin, irgendwelchen Schaden anzurichten. Für einen Hacker ist ein fremdes System ein Forschungsgebiet, kein Zerstörungsgegenstand. Angenommen, ein Hacker dringt in ein System ein: Die Chancen sind hoch, dass er daraufhin dem Administrator eine E-Mail schickt, in der er detailliert die Sicherheitslücke beschreibt, die er zu diesem Zweck ausgenutzt hat. Daher haben auch die meisten Sicherheitsprogramme und -techniken ihren Ursprung in der Hacker-Gemeinde.

Ein Cracker hingegen bricht aus purer Schadenfreude oder Profitgier in ein System ein und/oder zerstört es sogar. Der entscheidende Unterschied zum Hacker besteht also in der weitaus unehrenhafteren Motivation und Absicht. Einen Spezialfall der Cracker bilden die Script Kiddies. Hierbei handelt es sich um (meist männliche) Jugendliche, die sich Zugang zu fremden Rechnern verschaffen und die Server des Angegriffenen durch so genannte *Distribu-*

ted-Denial-of-Service-Attacken (oder kurz: *DDoS*) in die Knie zwingen. Bei dieser Art des Angriffs auf fremde Systeme geht es im Prinzip darum, einen Server mit möglichst vielen nutzlosen Datenpaketen zu bombardieren und damit die betreffende Internetanbindung zu »verstopfen«, sodass normale Anfragen von interessierten Usern erst gar nicht mehr ankommen.

Funktionsweise und Auswirkungen von DDoS-Attacken werden häufig mithilfe des schon berühmt gewordenen Pizza-Service-Beispiels illustriert: Mal angenommen, unser Freund Salt wäre kein sympathischer, harmloser und liebenswürdiger alter Seebär, sondern ein durch und durch hinterhältiger, gemeiner und durchtriebener Bursche. Um seinen Konkurrenten Sugar zu ärgern, ruft er sämtliche Pizza-Dienste der Stadt an und beauftragt sie, am nächsten Tag um Punkt zwölf Uhr mittags eine *Quattro Stagione* bei dessen Schiff vorbeizubringen. Man kann sich leicht vorstellen, dass der arme Sugar beim gleichzeitigen Ansturm der fünfzig Pizza-Boys einen Nervenzusammenbruch erleiden würde und dementsprechend auch keine Zeit mehr fände, die Anfragen seiner Kunden zu bearbeiten.

Für derartige DDoS-Attacken benutzen Script Kiddies zumeist nicht einmal originäre, also selbst geschriebene Software, sondern greifen auf Tools zurück, die auf einschlägigen Internetseiten zu finden sind. Mit Programmen wie *Tribal Flood Net* oder *Stacheldraht* halten Script Kiddies recht mächtige Waffen in den Händen. Was in unserer Jugend die Elektro- und Chemie-Experimentierkästen waren, sind heute die DDoS-Kits. Mit dem Unterschied, dass wir damals keine volkswirtschaftlichen Schäden in Millionenhöhe verursachten, sondern – wenn es mal verdammt gut lief – allenfalls die Gardinen im elterlichen Wohnzimmer abfackelten. Als bisher (!) größter »Erfolg« der modernen Seeräuber gilt übrigens die DDoS-Attacke auf CNN, Yahoo!, eBay und andere führende E-Commerce-Server im Februar 2000.

Dabei ist es häufig gar nicht so schwierig, Cyber-Kriminelle mit ihren eigenen Waffen zu schlagen. Im Online-Magazin *Wired-News* konnte man vor kurzem lesen:

»Viele Cyber-Kriminelle benehmen sich wie idiotische Verwandte von Hänsel und Gretel; sie streuen elektronische Brotkrumen, die direkt zu ihnen führen. Diese Art von Verhalten gibt es bei anderen Kriminellen nicht. Mir ist nie ein Einbrecher begegnet, der nette Notizzettel hinterließ, um sich selbst das Verbrechen zuzuschreiben. Und mir ist nie ein Einbrecher über den Weg gelaufen, der eine Eigenwerbungs-Website eingerichtet hat oder in einem Chatroom seine nächtlichen Aktivitäten diskutierte.«

So stellte sich etwa Jan de Wit, der den so genannten *Anna-Kournikova-Wurm* »programmiert« hatte, kurz nach Ausbruch der Epidemie den Behörden. Diese hatten die elektronische Spur, die er unwissentlich hinterlassen hatte, ohnehin schon fast bis zu ihrem Ursprung zurückverfolgt. Er wurde verurteilt und musste 150 Stunden Sozialdienst leisten. Interessant ist in diesem Zusammenhang sicherlich auch wieder die Tatsache, dass Jan de Wit von der Programmierung überhaupt keine Ahnung hatte, sondern lediglich ein Standard-Viren-Programmiertool einsetzte.

Aber was soll die ganze Aufregung um Hacker, Cracker und Datenräuber eigentlich? Ist diese Hysterie wirklich berechtigt? Kann doch nicht so schlimm sein, wenn der Server mal ein paar Stunden *down* ist?

Wer solche Vermutungen anstellt, unterschätzt vielleicht, wie abhängig wir alle vom einwandfreien Funktionieren unserer IT-Systeme geworden sind. Jahrelang haben wir glücklich und zufrieden ohne WWW und Handy gelebt. Wenn einer gerade nicht zu Hause ist ... was soll's? Dann ruf ich halt später nochmal an! Heute ist diese Gelassenheit fast schon undenkbar. Überspitzt formuliert: Der Zustand völliger sozialer Isolation ist in unserer Zeit am schnellsten und sichersten zu erreichen, indem man einen Tag lang sein Handy ausgeschaltet lässt und nicht auf die eingehenden E-Mails antwortet.

Auch für Unternehmen ist die optimale Informationsversorgung und -verteilung entlang der gesamten Wertschöpfungskette sowie die Integration geeigneter IT-Lösungen in alle Unternehmensprozesse längst zum strategischen Erfolgsfaktor geworden.

Auf der einen Seite unterstützen die IT-Prozesse die Kernprozesse eines Unternehmens und reduzieren dadurch auch die Unternehmensrisiken. Auf der anderen Seite hat die technische Abhängigkeit der Kernprozesse von den IT-Prozessen in den letzten Jahren rapide zugenommen – und damit auch die IT-bezogenen Risiken. Wie bei allen Risiken, die aus Prozessen resultieren, handelt es sich auch bei IT-Risiken um operationelle Risiken. Streng genommen um operative Risiken, da operationelle Risiken im Allgemeinen auch strategische Fehlentscheidungen beinhalten (etwa die Entscheidung des »Unternehmens Zukunft«, ein neues Preissystem einzuführen, oder vielleicht auch die Entscheidung von Salt, zukünftig nur noch Butterfahrten anzubieten).

Als wesentliche Risikokategorien im IT-Bereich sind hierbei insbesondere die folgenden Felder zu nennen:

- organisatorische Risiken: Sind beispielsweise Daten in ausreichendem Umfang vor unzulässigen Zugriffen geschützt, etwa durch Hacker, Cracker oder Script Kiddies?;
- anwendungs- und prozessbezogene Risiken: Existieren beispielsweise Schnittstellenprobleme oder basiert die IT auf unzähligen isolierten Insellösungen?;
- projektbezogene Risiken: Führen IT-Projekte zu Termin- und/oder Kostenüberschreitungen oder wird kein professionelles Projektmanagement eingesetzt?;
- kosten- und leistungsbezogene Risiken: Existiert eine IT-Kostenrechnung mit verursachungsgerechter Verteilung der Kosten?;
- infrastrukturelle Risiken: Sind ausreichende physische Sicherungsmaßnahmen vorhanden und stellen adäquate Business-Recovery-Pläne sicher, dass Behinderungen des Betriebsablaufs nach einer IT-Unterbrechung minimiert werden können?

Na klar – mit allerlei technischen Lösungen, wie etwa Firewalls, zentralen Content- und Virenscannern, biometrischen Smart-

Cards, Intrusion-Detection-Systemen et cetera kann man sich schützen. Zahlreiche Umfragen und Erfahrungen aus der Praxis zeigen jedoch, dass sich viele Bedrohungen von IT-Systemen auch durch diese technischen Schutzmaßnahmen nicht wirksam verhindern lassen. Entscheidend ist hierbei wieder der Risikofaktor Mensch. Wesentliche Schäden werden durch das Verhalten von Mitarbeiten verursacht, mitverursacht oder zumindest erleichtert. So wie auf dem Schiff von Salt, wo der Kombüsenjunge die Verteidigungsschilde aufbauen soll und an dieser Herausforderung natürlich kläglich scheitern muss.

Auch im IT-Bereich wird Sicherheit weniger durch technische Lösungen erreicht als vielmehr durch eine adäquate Risikokultur und entsprechende Prozesse. So haben Untersuchungen ergeben, dass ungefähr die Hälfte aller IT-Schäden durch eigene Mitarbeiter verursacht wird. Fast drei Viertel aller Angriffe auf die IT-Infrastruktur haben ihren Ursprung ebenfalls im eigenen Unternehmen.

Auch im Bereich der IT-Sicherheit ist der Mensch häufig das schwächste Glied in der Kette. Der legendäre Hacker Kevin Mitnick wies beispielsweise immer wieder darauf hin, dass er Passwörter und sensible Daten von Unternehmen vor allem dadurch in Erfahrung brachte, indem er sich als jemand anderes ausgab und dann einfach danach fragte. Auch Albert Einstein stellte einmal fest: »Zwei Dinge sind unendlich: das Universum und die menschliche Dummheit. Aber bei dem Universum bin ich mir noch nicht ganz sicher.«

Genau an dem Faktor menschliche Dummheit setzt auch eine besonders gefährliche Art der Gattung Cracker an: der so genannte *Social Engineer*. Er benutzt Techniken der Beeinflussung und Überredungskunst zur Manipulation oder zur Vortäuschung einer falschen Identität. Und die menschliche Firewall kann umso eher überwunden werden, je größer die Dummheit beziehungsweise je geringer das Wissen über IT-Sicherheit ist.

In der Liste der größten Computerbetrügereien können die meisten auf Social Engineering zurückgeführt werden. So etwa der

»Banküberfall« von Stanley Mark Rifkin: Dieser war 1978 bei der Security Pacific National Bank in Los Angeles als Unternehmensberater für das Datensicherungssystem der Bank zuständig. Dadurch hatte Rifkin auch Zugang zur eigentlich streng bewachten Buchungsabteilung, in der Tag für Tag Überweisungen im Wert von mehreren Milliarden US-Dollar durchgeführt wurden. Um den täglich modifizierten Buchungscode nicht auswendig lernen zu müssen, notierten die Angestellten den Code auf einem Notizzettel, der am Bildschirm befestigt wurde.

Daher war es ein Leichtes für Rifkin, im November 1978 den Buchungscode in Erfahrung zu bringen. So rief er gleich am Nachmittag die Buchungsabteilung an und wechselte seine Rolle des Unternehmensberaters mit der des Kollegen Mike Hansen aus der Internationalen Abteilung.

»Hi«, sagte er zu der Dame am anderen Ende der Leitung, »hier ist Mike Hansen von der Internationalen Abteilung.« Sie fragte nach der Büronummer. »286«, war seine Antwort. Die junge Frau fragte sogleich nach dem Buchungscode. »4789«, sagte Rifkin und gab gleich eine Buchung von »exakt zehn Millionen zweihunderttausend Dollar« zu Lasten der Irving Trust Company in New York als Gutschrift für die Woschod Handelsbank von Zürich durch. »In Ordnung, das habe ich«, sagte die Dame am anderen Ende der Leitung und erkundigte sich noch nach der bürointernen Abrechnungsnummer. Die kannte Rifkin nicht und antwortete: »Oh, das muss ich nochmal nachprüfen. Ich melde mich gleich wieder bei Ihnen.« Ein weiterer Anruf bei der hierfür zuständigen Stelle, diesmal in der Rolle des Buchhalters, lieferte ihm schließlich auch die Abrechnungsnummer, die er sogleich an die Buchungsabteilung weitergab. Rifkin flog in die Schweiz, ließ sich das Geld in bar auszahlen, kaufte über eine russische Agentur Diamanten und flog wieder zurück in die USA. Rifkin hat weder eine Waffe noch einen Computer eingesetzt. Seine einzige Waffe war die »Kunst der Täuschung«.

Der Schlüssel zur Täuschung ist Vertrauen. Hat ein Social Engineer das Vertrauen erschlichen, so wird recht schnell die Zugbrücke heruntergelassen, und das Burgtor öffnet sich: Problemlos kann er die Festung betreten und alle Informationen mitnehmen, die er nur haben will.

Noch schlimmer ist jedoch, dass die Zugbrücke in vielen Fällen bereits heruntergelassen ist und das Burgtor sperrangelweit offen steht. Viele Unternehmen oder private Computerbenutzer laden zum Datendiebstahl förmlich ein. Obwohl es für jedermann eine Selbstverständlichkeit ist, sein Auto oder seine Wohnungstür abzuschließen, wird der Computer häufig noch nicht einmal durch ein Passwort geschützt. Oder es werden ungeeignete Passwörter verwendet, etwa »leere« Passwörter, voreingestellte System-Passwörter oder die Namen von Familienangehörigen, Freunden, Haustieren oder Kfz-Kennzeichen und Konto- beziehungsweise Telefonnummern. Noch schlimmer ist es, wenn ein User seinen Benutzernamen gleichzeitig auch als Passwort verwendet (Seien Sie ehrlich, lieber Leser: Sie etwa auch???).

Ebenfalls sehr beliebt: die kleinen gelben Zettel am Bildschirm! Insofern steckt in der bisweilen scherzhaft vorgebrachten Bemerkung, eines der bedeutendsten IT-Risiken wäre das Post-it (»Post-it, Lost it«), wohl doch mehr als nur ein Körnchen Wahrheit.

Ein wahrhaft meisterhafter Social Engineer und »Vertrauenserschleicher« war auch der König von Ithaka, besser bekannt als Odysseus. Begeben wir uns für einen kurzen Moment auf eine Zeitreise in das erste vorchristliche Jahrtausend, die Welt des alten Troja:

Den meisten von uns ist sicher noch die Kriegslist der Griechen aus Homers *Odyssee* in guter Erinnerung, die das Ende des Trojanischen Krieges einleitete. Odysseus gab den Griechen den Rat, ein hölzernes Pferd zu bauen. Der Legende nach versteckten sich einige tapfere Krieger im Bauch des Pferdes, während die griechische Flotte ihre Abfahrt vortäuschte. Die Trojaner holten das vermeintlich harmlose »Abschiedsgeschenk« der Griechen in die Stadt, um es der Göttin Athene zu opfern – jedoch ohne die Gefahr im Innern des Pferdes zu erahnen. Auf diese Weise gelangte das griechische Elitekommando nachts in die Stadtmauern von Troja. Das böse

Erwachen kam am nächsten Morgen: Die im Bauch des Pferdes verbliebenen Soldaten hatten das Stadttor geöffnet und das vermeintlich »abgereiste« Heer konnte die Stadt im Handstreich übernehmen.

In der Informationstechnologie bezeichnet man mit dem Terminus *Trojanisches Pferd* beziehungsweise *Trojaner* ein getarntes oder verstecktes Computerprogramm, das sich in ein fremdes Computersystem einschleust. Trojaner sind keine Viren, da es sich um eigenständige Programme handelt, die versuchen, die Kontrolle über einen infizierten Computer zu erhalten. Trojaner bezeichnet man daher auch gern als *Remote Access Controls.* In aller Regel sind Trojaner durch ein sinnvolles Programm getarnt und gelangen – quasi in dessen Bauch und damit unbemerkt – auf das Zielsystem, eben genauso wie die Soldaten bei der Eroberung von Troja. Die schädlichen Funktionen laufen oftmals weitgehend im Hintergrund ab, und häufig kann es auch mehrere Wochen oder Monate dauern, bis das Trojanische Pferd aktiviert wird.

Doch was macht ein Trojanisches Pferd nun genau?

In der Regel versuchen Trojanische Pferde, Informationen jeglicher Art (insbesondere natürlich Passwörter und Benutzernamen für den Zugang zu einem Onlinedienst oder anderen sensiblen Daten) auszuspionieren. Zu diesem Zweck werden häufig so genannte *Keylogger* verwendet, die den Tastaturpuffer des Computers auslesen und diese Informationen dann über das Internet weiterleiten. Auf diese Weise kann der im Hintergrund lauernde moderne »Odysseus« genau nachvollziehen, was der jeweilige Benutzer in seinen Rechner eingetippt hat, also insbesondere Usernamen und die zugehörigen Passwörter. Es gibt auch Trojaner, die Homebanking-Software überwachen und deren Zugangsdaten weiterleiten. Daneben existieren Trojaner, die direkt nach gespeicherten Passwörtern suchen oder als so genannte *Server-Programme* verschiedene Ports des infizierten Computers öffnen (d. h. bildlich gesprochen: »die Zugbrücken runterlassen«), über die das gegnerische System dann auf den Rechner zugreifen kann.

Eine weitere wichtige Schädlingskategorie neben den Trojanern sind so genannte Würmer, die sich auch hervorragend zur Verbreitung normaler Viren eignen:

Die Infektion erfolgt recht häufig via E-Mail und angehängten Dateien. Öffnet man das Attachment, so wird der Virus aktiviert und verbreitet sich anschließend eigenständig weiter, beispielsweise, indem er sich einfach selbst an alle E-Mail-Adressen verschickt, die in Ihrem lokalen Adressbuch verzeichnet sind. Anhänge können dabei aus einem Programm, einem Bild oder auch einem Musikstück bestehen. Bei einer Untersuchung im März 2003 wurde festgestellt, dass im Durchschnitt bereits jede 212. E-Mail mit einem Virus infiziert war. Sicherheitslücken in E-Mail-Programmen erleichtern Würmern dabei zusätzlich die Verbreitung. Da der Absender in der Regel ein Nachbar, Arbeitskollege oder ein Freund ist, schöpft der Empfänger nur selten Verdacht. In vielen Fällen haben Würmer das alleinige Ziel, sich selbstständig in Netzwerken zu verbreiten, den Datenaustausch lahm zu legen und Rechenzeit zu »stehlen«. Oftmals hat die Ausführung der angehängten Programme jedoch auch schwerwiegendere Folgen, wie zum Beispiel die Beschädigung oder das Löschen wichtiger Dateien und Programme.

Wer Ende 2001 eine E-Mail mit dem Betreff »Happy New Year« erhielt, dem wurden nach dem Öffnen der angehängten Datei »Christmas.exe« beispielsweise Dokumente und Antiviren-Programme gelöscht. Die bekanntesten Würmer waren bisher »I love you«, »Nimbda«, »Melissa«, »Code Red«, »SirCam« und »Klez«. Während der erste Internetwurm im Jahr 1988 etwa 6 000 Systeme infizierte, brachte es »Melissa« im Jahr 1999 schon auf etwa 100 000 Systeme. Noch besser war »Nimbda«, der sich allein in den ersten 24 Stunden über schätzungsweise 2,2 Millionen Rechner verbreitete.

Ebenso eindrucksvoll wie die Infektionsraten sind auch die Schäden, welche durch diese niedlichen kleinen Progrämmchen angerichtet werden (z. B. für den Arbeitsausfall, die Neuinstallation von Programmen, die Netzbelastung durch den millionenfachen

E-Mail-Versand etc.). Bei »Melissa« bewegen sich die geschätzten Schäden beispielsweise zwischen 93 und 395 Millionen US-Dollar. Im Falle des E-Mail-Wurms »I love you« aus dem Jahr 2000 schwanken die entsprechenden Schätzungen zwischen 700 Millionen und knapp 7 Milliarden US-Dollar.

Es darf bezweifelt werden, dass die genannten Fälle auch die letzten Fälle ihrer Art waren. Parallel zum Fortschritt der Technik entwickeln auch Trojaner und Würmer ihre Fähigkeiten beständig weiter. Schon prognostizieren Experten verstärkte Attacken auf mobile Systeme wie Pocket-Computer, PDAs (Personal Digital Assitents) und Mobiltelefone.

Wie in allen anderen Bereichen des Risikomanagements richtet sich auch im Falle der IT-Sicherheit der Fokus auf die optimale Balance zwischen Sicherheit einerseits und Produktivität andererseits (vgl. hierzu auch unsere Ausführungen zum Thema Risk Mitigation). Viren und Trojaner können immensen Schaden anrichten, aber Firewalls und Anti-Virenprogramme kosten ebenfalls viel Geld und Zeit (zumindest wenn man sie richtig und regelmäßig einsetzt). Investieren wir zu viel Geld und Zeit in Sicherheit, so hemmt dies das Wachstum und den Erfolg des Unternehmens. Hätte Sugar seinen ganzen Laderaum voll mit Abwehrschilden gepackt, müsste er zwar keinen einzigen Gedanken mehr an die Piraten verschwenden, könnte jedoch auch keine Ware mehr befördern. Verhalten wir uns jedoch auf der anderen Seite wie Salt und investieren gar nicht in geeignete Abwehrmaßnahmen, droht auch uns ein ähnliches Schicksal und wir können schnell Opfer von Piraten werden.

Und schließlich bleibt zu bedenken: Eine hundertprozentige Sicherheit wird man nie erreichen! Wichtiger als all die technischen Vorkehrungen ist vielmehr, dass Risikomanagement auch wirklich gelebt und Teil der Unternehmenskultur wird. Schlussendlich ist jeder Mitarbeiter auch Risikomanager. Etwa so wie bei unserem Freund Sugar: Er hat eine gut ausgebildete Mannschaft. Es gibt einen Radar- und einen Kommunikationsoffizier. Er hat einen klaren Notfallplan und adäquate Sicherheitsrichtlinien erstellt. Bei einem Piratenangriff weiß jeder ganz genau, was zu tun ist. Technische Maßnahmen (etwa Schilde am Schiff) unterstützen dabei lediglich die organisatorischen Maßnahmen. Demgegenüber existieren bei Salt offensichtlich weder entsprechende Notfallpläne noch ist die Mannschaft entsprechend ausgebildet. Die vorhandenen technischen Schutzmaßnahmen wurden falsch installiert und konnten deshalb keine Wirkung entfalten. Auch hier zeigen sich traurige Parallelen zu vielen Anwendern, deren Anti-Virenprogramme noch nie aktualisiert wurden oder sogar nach wie vor originalverpackt im Regal verstauben.

Sogar die Schreckensmeldungen über die immensen Schäden, die Viren und Trojaner anrichten, können viele Computerbenutzer nicht aus ihrer Lethargie reißen. Viele Warnungen – wie der Funkspruch von Sugar – werden schlichtweg ignoriert. »Na und? Es gibt Hunderte von Millionen Internetnutzer, warum soll es da ausgerechnet mich treffen?«

Da erinnern wir uns doch mal wieder an ein ähnliches Ereignis aus dem Jahr 1912. Auch damals wurden in der Nähe der Großen Neufundlandbank die vorhandenen Frühwarnindikatoren und Funksprüche schlichtweg ignoriert. Schließlich galt die Titanic ja als unsinkbar, was sollte da also schon passieren ...

»Trudnosti podsteregajut tech, kto ne reagirujet na shisn.« (frei übersetzt: Wer zu spät kommt, den bestraft das Leben.)

Michail Gorbatschow

Kapitel 7
Wer zu spät kommt ...

»Kämpfen, Henry, kämpfen ... keine Schmerzen ... Du schaffst es!«

Mit zusammengebissenen Zähnen flüstert Salt diese Worte wieder und wieder vor sich hin. Seit sein ehemals stolzes Schiff vor fast zwei Tagen den blutrünstigen Piraten in die Hände gefallen war, sitzt er in dem kleinen engen Rettungsboot und kämpft ebenso verbissen wie todesmutig gegen Wind und Wellen an. Die Sonne schickt unerbittlich ihre brennenden Strahlen vom Himmel herab. Seine Zunge klebt am Gaumen und lechzt nach einem winzigen Tropfen Flüssigkeit. Sein Magen ist verkrampft und schreit nach Nahrung. Vor Salts geistigem Auge ziehen Herden von Spanferkeln, kross gebratene Wachteln und gold-braun gebackene Fischstäbchen mit Kartoffelsalat und köstlicher Mayonnaise vorbei.

Noch nie ist er sich so einsam und verloren vorgekommen wie jetzt. Während der letzten knapp 36 Stunden hatte er mehr als genügend Zeit, um über sich und sein Leben nachzudenken. Mehr als einmal legte er in dieser Zeit den heiligen Schwur ab, dass er sein Leben radikal ändern werde und künftig ein leuchtendes Vorbild für alle Kapitäne sein wolle. Natürlich immer vorausgesetzt, er würde das alles hier tatsächlich heil überstehen.

Denn dass sich etwas ändern muss, ist ihm so klar wie nie zuvor. Seine Verantwortungslosigkeit und Selbstüberschätzung haben ihn schließlich das Schiff gekostet. Die Ignoranz und Überheblichkeit, mit der er seine Mannschaft behandelte, hätten sie alle fast umgebracht. Da das ganz allein seine Schuld ist, kann er es den Männern nicht einmal übel nehmen, dass sie nach dem Angriff der Piraten panikartig in die Rettungsboote geflüchtet sind und ihn mutterseelenallein im Meer zurückgelassen haben. Im Gegenteil – Salt ist unbeschreiblich glücklich, dass sich offensichtlich alle retten konnten, und hofft inständig, dass es seiner Mannschaft gut geht.

Das Einzige, was ihn selbst noch halbwegs am Leben erhält und unverdrossen weiterrudern lässt, sind die acht knallroten Kisten, die sich auf der Sitzbank im Heck des Bootes stapeln. Eigentlich kann er sein Glück immer noch nicht fassen: Dass er in einem herrenlos umhertreibenden Rettungsboot seinen Schatz wieder gefunden hat, betrachtet er als das größte Wunder, das ihm jemals widerfahren ist. Salt interpretiert diesen unglaublichen Zufall auch als eindeutigen Hinweis der Götter, jetzt keinesfalls aufzugeben. Wenn er es tatsächlich bis zum Hafen schafft und genügend Käufer für die Dinger findet, würde das Geld vielleicht sogar für ein neues Schiff reichen. Und diesmal würde er es ganz bestimmt mit Piraten-Abwehrschilden, Radar, Echolot, GPS-Navigation und vielen anderen Frühwarnsystemen ausstatten.

Nach weiteren drei Stunden in seinem Kampf mit den Elementen wagt es Salt endlich wieder einmal, sich umzudrehen. Den Blick über den Bug hat er in den letzten beiden Tagen gescheut wie der Teufel das Weihwasser. Es war einfach zu frustrierend, wenn anstatt der heiß ersehnten Küstenlinie nur Wasser und Himmel am Horizont zu sehen waren.

Doch nach diesem Blick wäre er vor Freude fast aus dem Boot gefallen. In der Ferne zeichnen sich doch tatsächlich die rötlich schimmernden Felsen der Küste ab. Und wenn man die Augen ganz zusammenkneift und sich konzentriert, kann man sogar schon die Spitze des Kirchturms am Dorfplatz erkennen. Für einen kurzen Moment vergisst Salt seinen Hunger, seinen Durst und die fast schon unerträglichen Schmerzen in seinen Armen. Nachdem er ein kleines Freudentänzchen in seinem Boot aufgeführt hat, ergreift er die Ruder und legt sich noch einmal mit aller Kraft ins Zeug. Die Aussicht auf das rettende Ufer und das nahende Ende seiner schrecklichen Odyssee setzen Energien frei, die keiner (und am allerwenigsten er selbst) für möglich gehalten hätte.

Kurze Zeit später ist es endlich geschafft: Mit letzter Kraft schleppt sich der alte, abgemagerte Seebär den Anlegesteg hinauf. Er küsst den Boden des so lange vermissten und so unendlich herbeigesehnten Hafens seiner Heimat.

»Neptun, Poseidon, Pontos, Nereus, Okeanus und wie ihr Meeresgötter noch alle heißen mögt: Ich preise eure Namen! DANKE!«, kann er noch ausrufen, bevor er völlig erschöpft auf dem Kai zusammenbricht.

Als er wieder zu sich kommt, hat sich bereits tiefe Dunkelheit über die Stadt gelegt. Am Himmel türmen sich hohe Wolken auf und mit fernem Wetterleuchten kündigt sich ein Gewitter an.

Salts langer, tiefer Schlaf hat sein Hungergefühl zwar noch beträchtlich verstärkt, aber immerhin konnte er genug Kraft sammeln, um sich zu »Friedels Fisch&Fritten-Bude« zu schleppen, dem schon etwas heruntergekommenen Imbissstand direkt am Hafen.

»Was darf's denn sein?«, begrüßt ihn Friedel.

»Völlig egal, Hauptsache viel davon!«, antwortet Salt. »Und ein Fass Bier!« Als er sich an die guten Vorsätze erinnert, die er in den letzten Tagen der völligen Einsamkeit gefasst hatte, korrigiert er sich jedoch umgehend: »Äh, nein ... doch kein Bier! Lieber ein großes Mineralwasser!«

»Nun gut«, antwortet Friedel und lässt dabei einen ganzen Sack Kartoffelscheiben liebevoll in sein Frittieröl (übrigens ein Erbstück seines Großvaters) gleiten: »Dann eben ein Wässerchen für den Herrn. Evian – rückwärts gelesen ›Naive‹ ... das passt wohl ohnehin besser zu dir!«

»Wenn du wüsstest, wie Recht du hast.«, stimmt Salt ihm nachdenklich zu und schaufelt gierig das Schälchen mit Erdnüssen in seinen Rachen, das er auf der Theke entdeckt hat.

Einige Zeit später – nach vier Portionen Pommes frites, drei ausgewachsenen Seehechten, 64 Fischstäbchen mit Kartoffelsalat und Mayonnaise sowie zweieinhalb Kisten Mineralwasser – ist wieder etwas Leben in Salts ausgemergelten Körper zurückgekehrt. Sein Blick schweift über den Hafen und bleibt schließlich an seinem Rettungsboot mit den acht roten Kisten hängen. Der Gedanke an die großartigen Geschäfte, die er heute Abend noch machen wird, hellt seine Stimmung zusätzlich auf.

»So ... dann werd ich's mal wieder packen«, ruft er dem Restaurantmanager zu. »Hab ja noch einiges vor! Nochmals vielen Dank für alles!«

»Keine Ursache«, erwidert Friedel und zückt seinen Block. »So, ich würde dann noch 58 Dukaten von dir kriegen.«

»Ähhhhmmmm, kleines Problemchen«, gibt Salt kleinlaut zu – die Geldscheine in seinem Portemonnaie waren durch seinen unfreiwilligen

Badegang dummerweise zu einem handlichen Pappmascheebällchen zusammengeklebt. »Als Schiffbrüchiger bin ich leider gerade nicht flüssig. Aber anstelle des Geldes kann ich dir etwas bieten, was noch viel, viel, viel besser ist. Wart nur ab, gleich wirst du Augen machen.«

Voller Vorfreude geht Salt zurück zu seinem Rettungsboot, schnappt sich eine der knallroten Kisten aus dem Heck und trägt das Paket vorsichtig zu »Friedels Fisch&Fritten-Bude« zurück. Er stellt es auf den Tresen, öffnet feierlich den Deckel der Schachtel und zieht einen niegelnagelneuen Rechenschieber heraus.

»Das ist der neue RS/400 von MBI«, erklärt Salt mit stolzgeschwellter Brust. »Die Krone der High Technology, ein Gerät, das dein Leben und Arbeiten radikal verändern wird. Schau doch mal: Vier voneinander unabhängige Schiebestäbe, die sogar parallel arbeiten können, eine Auflösung von 4 x 3 Schiebekugeln in sechzehn unterschiedlichen Farben, Einhandbedienung, atemberaubendes Design ... und einen Schreibblock für die Speicherung der Ergebnisse gibt's auch noch dazu! Absolut irre, dieses Ding, oder? ... Normalerweise würde ich die edlen Teile ja keinesfalls unter 1 700 Dukaten verkaufen, aber weil du's bist, könnte ich dir einen für 1 680 überlassen.«

Friedel wirft Salt einen Blick zu, der irgendwo zwischen Mitleid und Belustigung schwankt.

»Hey Mann«, fragte er, »lebst du hinterm Mond? Was soll ich denn mit diesem altmodischen Schrott? Wenn du mal ein richtiges Hightechgerät sehen willst, musst du zu mir in die Küche kommen: Gerade gestern hat mir dein Kollege Sugar die allerneueste Maschine von Kompaqt verkauft: 3,2 Gigahertz-Prozessor, Hyperthreading, Kenterholz-Chipsatz mit 800er-Front-Side-Bus, 2048 Megabyte Dual-Channel DDR400/PC3200-Random Access Memory, Firewire, USB 2.0, Gigabit-Ethernet, WirelessLAN, Level 5 RAID auf drei Serial-ATA-Harddisks mit jeweils 200 Gigabyte, 16 Megabyte Cache und 10 000 rpm, DVD plus und minus Re-Writer, AGPpro/8x-Slot, 3-D Beschleuniger mit 256 Megabyte Grafikspeicher und TV-Out, 7.1 Dolby Digital Surround Soundsystem und so weiter, und so fort ... und das alles für lächerliche 1 680 Dukaten.«

Schlagartig stürzt Salt das Blut vom Kopf in die Beine. Leichenblass starrt er Friedel an. Minutenlang kann er gar nichts sagen. Schließlich zischt er dem Imbissbudenchef noch ein »Ich bring dir das Geld morgen vorbei« zu und schleicht mit Tränen in den Augen und gesenktem Kopf zurück zur Kaimauer.

Sein anschließender Gang durch das Dorf gerät zu einem Trauerzug. Mit jedem Blick, den er in die Fenster der Häuser wirft, verschlimmert sich seine tiefe Depression: Überall sitzen die Menschen euphorisch vor ihren brandneuen Kompaqt-Computern und berauschen sich am letzten Stand der Technik. Seine teuer erstandenen Rechenschieber würde er höchstens noch als Brennholz verkaufen können.

Schließlich kommt der ehemals furchtlose Seebär – inzwischen zu einem kleinen Häufchen Elend zusammengeschrumpft – vor Gertis Spelunke an und wirft einen unendlich traurigen Blick ins Fenster der kleinen Kneipe. Drinnen wird gefeiert und auf den Tischen getanzt. Sein alter Kumpel Sugar schmeißt eine Lokalrunde nach der anderen. Er hat mit dem Verkauf der Computer das Geschäft seines Lebens gemacht: Innerhalb von nur einer Stunde waren sämtliche Geräte vergriffen und Sugar konnte bereits Aufträge für zwei weitere Schiffsladungen verbuchen.

Eine kleine Ewigkeit lang beobachtet Salt das ausgelassene Treiben wie paralysiert. Er ist wie vor den Kopf geschlagen und kann sich einfach nicht losreißen – den einsetzenden Gewitterregen nimmt er ebenso wenig wahr wie die zuckenden Blitze und den grollenden Donner. Als dann aber die blonde Wirtin der Spelunke (auf die auch Salt schon seit längerem das ihm noch verbliebene Auge geworfen hatte) seinem Kumpel Sugar um den Hals fällt, wendet er sich schließlich wehmütig ab und schleppt sich weiter.

Zweifellos hat Salt den absoluten Tiefpunkt seiner Karriere erreicht. Er kann sich beim besten Willen nicht daran erinnern, dass es ihm schon einmal annähernd so mies gegangen ist. Wofür hatte er denn tagelang Wind und Wellen getrotzt und um sein Leben gekämpft? Wofür wäre er fast verhungert und verdurstet? Einzig und allein der Traum vom großen

Geschäft, das er mit seinen Rechenschiebern machen wollte, hatte ihn in dieser Zeit am Leben erhalten. Ein Traum, der ebenso schnell verglüht war wie die Blitze am Nachthimmel über der Stadt.

Nachdem sich Salt noch einige Zeit ausgiebigst in seinem Selbstmitleid gesuhlt hat und die Ereignisse der vergangenen Wochen nochmals Revue passieren ließ, kehren seine Lebensgeister langsam, aber sicher zurück.

»Nun gut, ihr Meeresgötter! Wenn ihr so mit mir umspringt, dann könnt ihr mich mal kreuzweise! Hiermit widerrufe ich feierlich meinen Abstinenzschwur!«, schreit Salt schließlich gegen das Donnergrollen vom Himmel an.

Danach macht er sich schnurstracks auf den Weg zu Gertis Spelunke. Wenn er sein heiliges Gelübte schon brechen sollte, dann wenigstens mit dem Freibier von Sugar.

Werttreiber Risikomanagement

Der eingangs zitierte Satz, den der damalige sowjetische Staats- und Parteichef Michail Gorbatschow bei seinem Berlin-Besuch anlässlich des 40. Jahrestags der DDR-Gründung im Oktober 1989 prägte, markiert wie kaum ein anderer einen einschneidenden Wendepunkt in der jüngeren deutschen Geschichte.

Der Vergleich mag hinken (vielleicht sitzt er sogar schon im Rollstuhl), aber irgendwie war der Genosse Erich Honecker damals in einer ähnlichen Situation wie der Kapitän Henry Salt heute: Risikowahrnehmung? Fehlanzeige! Offene Risikokommunikation und effiziente Prozesse? Mitnichten! Teamorientierte Führung und eine gelebte Risikokultur? Njet, Towarisch! Adäquate Methoden zur Risk Mitigation? Nullinger! Sicherung des Kundenvertrauens und Schutz der Marke »Deutsche Demokratische Republik«? Ein klares Nein! ... Nun gut, mangels geeigneter Angriffsziele hatte die DDR wenigstens kaum Probleme mit Hacker-Attacken und Produktpiraterie, aber das dürfte nur ein ziemlich schwacher Trost gewesen sein.

Wie von Gorbatschow richtig auf den Punkt gebracht, bestand eine wesentliche Ursache für den Untergang des DDR-Regimes im falschen beziehungsweise gar nicht vorhandenen Timing. Während knapp 2 000 Kilometer weiter östlich mit *Glasnost* und *Perestroika* bereits auf die veränderten »Marktbedingungen« reagiert wurde, klammerten sich die Betonköpfe um Honecker & Co. noch immer verkrampft an längst überkommene »Werte« und praktizierten Verhaltensweisen von gestern und vorgestern.

Da das geflügelte Wort von Gorbatschow inzwischen ein fester Bestandteil des deutschen Zitatenschatzes geworden ist und bei allen möglichen und unmöglichen Gelegenheiten gern fallen gelassen wird, möge man uns verzeihen, dass auch wir diesen Satz von der Bühne der großen Weltpolitik auf die weitaus profanere Ebene des Wirtschaftslebens herunterzerren. Denn wie in der Politik gilt auch hier, dass – um Gorbatschows Satz einmal exakt und wörtlich zu übersetzen – »Schwierigkeiten auf diejenigen lauern, die nicht auf das Leben reagieren«.

Genau wie die Weltgeschichte ist auch Wirtschaftshistorie voll von Beispielen, in denen Unternehmen entscheidende Entwicklungen in ihren Märkten schlichtweg verschlafen haben und dadurch in ernsthafte Schwierigkeiten gerieten oder sogar ganz von der Bildfläche verschwanden.

Als IBM (damals noch ein fast lupenreiner Großrechnerhersteller) Anfang der achtziger Jahre begann, kleine Desktop-Computer an Unternehmen und Privatleute zu vermarkten, wurde beispielsweise Ken Olsen – der Gründer und CEO der Digital Equipment Corporation (oder kurz: DEC) und damals der wohl härteste Konkurrent von »Big Blue« – gefragt, ob seine Firma, die immer schon kleinere Computer hergestellt und verkauft hatte, für diese Herausforderung nicht irgendwie besser geeignet wäre. Er antwortete: »Ich will nicht der Erste sein. Ich will abwarten, womit sie herauskommen, und dann ihre Spezifikationen übertreffen.« Von dieser Entscheidung für eine Strategie der »ruhigen Hand« konnte sich DEC in der Folge nie mehr richtig erholen. IBM und weitere Konkurrenten besetzten den Markt rasend schnell und mit immer leistungsfähigeren Desktop-Computern brachten sie Digital Equipment auch im angestammten Segment der kleineren und mittleren Rechenmaschinen in ärgste Bedrängnis. Nachdem der Umsatz jahrelang vor sich hin gedümpelt hatte, wurde DEC 1998 schließlich von Compaq geschluckt – einer Firma, die ihrerseits wiederum im Frühjahr 2002 von Hewlett-Packard übernommen wurde.

Und weil wir gerade beim Thema sind, sei an dieser Stelle auch noch die wohl legendärste Legende der Softwareindustrie rezitiert: Für die oben erwähnte Eroberung des Massenmarkts der Desktop-Computer benötigte IBM natürlich nicht nur entsprechende Geräte, sondern auch ein geeignetes Betriebssystem (d. h. eine Software, die grundlegende Funktionen für die Ansteuerung der Hardware und die Speicherverwaltung zur Verfügung stellt und auf der alle anderen Programme aufsetzen – beispielsweise MS-DOS, WINDOWS oder UNIX/LINUX). Was lag da näher, als sich an den damaligen Marktführer für diese Programme im Mikrocomputerbereich zu wenden, die Firma Digital Research Inc. aus dem sonnigen Monterey/California? Der Sage nach traf die IBM-Delegation den Boss der Firma, Gary Kildall, jedoch weder in seinem Office noch in seinem Privathaus an, da er in Anbetracht des sonnigen Wetters und frischen Windes zum Surfen gegangen war. Pech gehabt, Mr. Kildall! Wer nicht will, der hat schon! Mangels anderer Alternativen wandten sich die IBM-Bosse an eine winzige Firma aus Redmond, die von einem pickligen Nerd mit XXL-Brille namens William (genannt: Bill) Gates III geleitet wurde. Dieser war zum entscheidenden Zeitpunkt nicht beim Surfen (das kühle Wetter nahe der nördlichen Pazifikküste der USA erwies sich also als signifikanter Wettbewerbsvorteil). Gates verschacherte an IBM eine Software, die er noch gar nicht hatte, kaufte anschließend bei einer anderen Firma eine von Digital Research abgekupferte und überaus instabile Beta-Version des benötigten Betriebssystems, bezahlte dafür lächerliche 50 000 US-Dollar, gründete darauf den Erfolg des bis heute mächtigsten Softwareimperiums im ganzen Erdkreis (aktueller Börsenwert der Microsoft Corp.: knapp 300 Milliarden US-Dollar) und wurde zum reichsten Mann der Welt (geschätztes Privatvermögen: ca. 42 Milliarden US-Dollar).

In diesem Zusammenhang sei außerdem bemerkt, dass die Firma Digital Research durch den Surfausflug von Gary Kildall nicht nur die einmalige Chance auf Milliardenumsätze vergab, sondern dass dieser kleine Fehler auch für die Autoren des vorliegenden Buches erhebliche Mehrarbeit bedeutete. Zum einen ging durch eine zwar spontan, dafür aber recht häufig auftauchende »Allgemeine Schutzverletzung in Modul 34AF1E8dXXX367« so manch genialer Gedanke und das Ergebnis einiger mühsam durchgetippter Nächte verloren, zum anderen hätten wir mit unserem Kapitel über Hacker ohne die haarsträubenden Sicherheitslücken in Microsoft-Produkten wohl maximal zwei Seiten füllen können.

Genauso fatal wie das Verschlafen von Marktentwicklungen und -veränderungen kann allerdings auch das genaue Gegenteil sein, nämlich dass ein Unternehmen beziehungsweise Produkt seiner

Zeit (zu) weit voraus ist. Sicher benutzen zahlreiche unserer Leser einen so genannten Personal Digital Assistent (PDA). Diese beispielsweise von Palm, Handspring, Sony, HP/Compaq, Dell, Casio, Sharp und vielen anderen Firmen hergestellten Geräte laufen zwar unter verschiedenen Betriebssystemen und weisen auch bezüglich ihrer technischen Merkmale erhebliche Unterschiede auf. Allen gemeinsam ist jedoch, dass sie nicht mithilfe einer Tastatur bedient werden, sondern mit einem kleinen Stift. Der PDA ist mit einem berührungsempfindlichen Bildschirm ausgestattet, weiß daher, welche Stelle der Benutzer auf dem kleinen Monitor antippt und kann sogar die Handschrift des Users erkennen. Tolle Sache! Wirklich ganz große Klasse! Dass von diesen kleinen Dingern nicht nur ein gerüttelt Maß an technischer und ästhetischer Faszination ausgeht, sondern dass sie sich auch sonst als ganz nützlich erweisen, beweist unter anderem die Tatsache, dass im vergangenen Jahr über 12 Millionen dieser »Handhelds« verkauft wurden.

Die eigentlichen Erfinder des PDA waren allerdings nicht die eingangs genannten Unternehmen, sondern die kleine, aber feine Apple Computer Inc. Bereits im Jahre 1993 brachte die Edelcomputerschmiede aus dem kalifornischen Cuppertino mit dem *Newton* das erste Gerät dieser Klasse auf den Markt. Sowohl Fachpresse als auch Anwender waren vor Begeisterung völlig aus dem Häuschen – allerdings nur so lange, bis sie den Newton zum ersten Mal ausprobierten. Die versprochene Handschrifterkennung war grottenschlecht, sodass die Fehlerbeschreibungen schon bald ganze Zeitschriften und Internetseiten füllten. Obwohl das Gerät im Lauf der Zeit stark verbessert wurde und sogar noch zahlreiche Preise errang, konnte es sein Negativimage nie mehr ablegen.

Trotz des grandiosen Flops, den Apple mit seinem ersten Handheld gelandet hatte, war das zugrunde liegende Konzept eines kleinen Computers, der mit einem Stift bedient wurde und Handschriften erkennen konnte, offenbar extrem vielversprechend. Zumindest verkrochen sich die Entwickler vieler anderer Unternehmen in ihren Labors und tüftelten an vergleichbaren Geräten. Sichtlich erfolgreich – denn im Gegensatz zum Newton funktionierten die Stiftcomputer von Palm & Co. auf Anhieb recht ordentlich. Nachdem Apple durch seinen Schnellschuss schätzungsweise 500 Millionen US-Dollar versenkt hatte, wurde der Newton im Jahr 1998 wieder sang- und klanglos eingemottet. Den Markt für PDAs hatten inzwischen andere unter sich aufgeteilt.

Schließlich und endlich bestraft das Leben nicht nur den, der zu spät, zu früh oder erst gar nicht kommt – das gleiche Schicksal erleiden auch diejenigen, die irgendwie falsch kommen. Und um anschauliche Beispiele für dieses »Falsch-Kommen« zu finden, müssen wir nicht einmal das schlüpfrig-zweideutige Terrain verlassen, auf das wir uns mit der obigen Formulierung begeben haben:

So hat etwa der japanische Autobauer Mitsubishi einen Geländewagen mit dem wohlklingenden Namen *Pajero* in seinem Programm. Das Wort »Pajero« bezeichnet jedoch im Spanischen einen Mann, der (um Woody Allen sinngemäß zu zitieren) seinen wichtigsten Art erhaltenden Urtrieb mit demjenigen Menschen stillt, den er am meisten liebt: sich selbst. Ohne an dieser Stelle die abgedroschenen Klischees über das recht klar ausgeprägt scheinende Männlichkeitsverständnis in Spanien und Südamerika überstrapazieren zu wollen, erscheint es durchaus plausibel, dass die Typenbezeichnung des Wagens eine nicht unerhebliche Rolle bei der Kauf- beziehungsweise Nicht-Kaufentscheidung in dieser Region gespielt haben mag. Ein vergleichbares Problem im selben Sprachraum hatte auch die Firma Lada, die mit ihrem Geländewagen *Nova* ebenfalls nur einen relativ bescheidenen Markterfolg verbuchen konnte. Offensichtlich hatten auch hier zu viele potenzielle Kunden die Produktbezeichnung des Wagens wortwörtlich übersetzt (»No va« = geht nicht, funktioniert nicht).

Wir sehen also, dass das Risiko einer falschen Markteinschätzung nicht nur unseren Freund Salt hart getroffen hat, sondern auch schon weitaus prominentere Opfer forderte.

Nun besitzen wir aber leider keine allwissende Kristallkugel, die uns neben den Entwicklungen der Zukunft auch noch den exakten Zeitpunkt ihres Eintretens verraten könnte. Auch die Prognosen unserer Planungsstäbe, Expertengremien und Stabsabteilungen für

Strategieentwicklung haben oftmals einen ähnlich geringen Aussagewert wie die unklaren und zweideutigen Prophezeiungen der Pythia im Apollon-Tempel zu Delphi. Wie die folgenden Statements zeigen, kann man aber – retrospektiv betrachtet – zahlreichen Aussagen der selbst ernannten Hellseher zumindest noch einen gewissen Unterhaltungswert abgewinnen:

- *»Ich habe nicht das winzigste Molekül Zuversicht, dass es jemals eine andere Luftschifffahrt als die in Ballonen geben wird.«*
  Lord Kelvin, Physiker, 1897
- *»Flugzeuge sind nette Spielzeuge, haben aber keinen militärischen Wert.«*
  Ferdinand Foch, französischer Marschall, 1911
- *»Wer zum Teufel möchte Schauspieler sprechen hören?«*
  Henry M. Warner, Gründer von Warner Bros., 1911
- *»Meines Erachtens gibt es einen Weltmarkt von vielleicht fünf Computern.«*
  Thomas Watson, IBM-Präsident, 1943
- *»Vom Gitarrespielen, mein Junge, kannst du nicht leben.«*
  John Lennons Tante zu ihrem Neffen, 1954

Aufgrund unserer im Allgemeinen nur relativ schwach ausgeprägten prophetischen Fähigkeiten, werden wir das Risiko einer falschen Markteinschätzung niemals völlig ausschließen können. Denn, um nach Michail Gorbatschow mit Franz Josef Strauß noch einen weiteren Staats- und Parteichef in diesem Kapitel zu zitieren: »Prognosen sind schwierig – vor allem, wenn sie sich auf die Zukunft beziehen.«

Allerdings sollten wir aus der Sicht des Risikomanagements peinlichst genau darauf achten, dass wir zumindest über effektive und effiziente Frühwarnsysteme verfügen, um die sich abzeichnenden Entwicklungen und Veränderungen auf den Märkten rechtzeitig zu erkennen. Erst dann können wir mit adäquaten Steuerungsmaßnahmen unser Unternehmen auf Kurs halten beziehungsweise wieder in eine sichere Fahrrinne bringen. Wie wir schon mehrfach betont haben, lassen sich zukünftige Chancen und Risiken dabei nicht aus den »Logbüchern« des Unternehmens (d. h. seiner Bilanz sowie Gewinn-und-Verlust-Rechnung) ablesen. Da der wirtschaftliche Erfolg in immer stärkerem Maße von so genannten »weichen« Faktoren abhängt, ist es dringend erforderlich, auch diesen Aspekten endlich die Aufmerksamkeit zuteil werden zu lassen, die sie schon seit langem verdienen. Ein Instrument, mit dessen Hilfe dies gelingen kann (!) und dessen Einsatz deshalb auch aus der Perspektive des Risikomanagements als sinnvoll erscheint, ist beispielsweise die Balanced Scorecard.

Da auch zu diesem Thema schon zahlreiche Bücher (teilweise sogar recht gute) erschienen sind, wollen wir uns hier nicht durch die Feinheiten der Methodik kämpfen. Charakteristisch für das Konzept der Balanced Scorecard ist vor allem die Betrachtung eines Unternehmens aus verschiedenen Sichten (den so genannten »Perspektiven«), um auf diese Weise ein ganzheitliches und möglichst vollständiges Bild zu gewinnen. Neben klassischen Finanzgrößen wie beispielsweise Umsatz, Gewinn und Rentabilität werden daher insbesondere auch Kennzahlen für die so genannten »weichen« Faktoren berücksichtigt. Mithilfe dieser Indikatoren sollen unter anderem Bereiche wie Mitarbeiter, interne Prozesse/Innovationskraft und Kunden abgebildet werden. Schließlich sind dort diejenigen Entwicklungen zu beobachten, die sich über vielfältige Ursache-Wirkungs-Ketten in andere Bereiche fortpflanzen und sich zu einem späteren Zeitpunkt schließlich auch in irgendeiner Weise finanziell niederschlagen.

Wir erinnern uns: Sugar hat eine gut ausgebildete Mannschaft, lebt eine vorbildliche Risikokultur und hat verschiedene Frühwarnsysteme installiert. Sein wirtschaftlicher Erfolg wird außerdem zu einem nicht unwesentlichen Teil von der Kundenbindungskraft der Marken *Charly Sugar* und *Pontos* bestimmt. Im Gegensatz zu seinem diversifizierten Geschäftsmodell setzt er beim Controlling daher seit einigen Jahren alles auf eine Karte: einen Berichtsbogen, auf dem er neben seinen Einnahmen und Ausgaben auch verschiedene qualitative Kennziffern (etwa die Kunden- und Mitarbeiterzufriedenheit oder die Fluktuationsrate seiner Pontos-Mannschaft) systematisch erfasst und analysiert. Consultants wie Roland B. Ärger würden hier sicherlich schon von einer »Balanced Scorecard« sprechen.

Mithilfe derartiger Frühindikatoren gelingt es Sugar ganz gut, auf wesentliche Veränderungen der Gesamtsituation zu reagieren, bevor sie größeren Schaden anrichten können. Falls etwa die Mitarbeiterfluktuation auf der Pontos rapide zunimmt, sollte sich Sugar schnellstens Gedanken machen, welche Gründe hierfür ausschlaggebend sind: Bezahle ich meine Leute zu schlecht? Behandle ich meine Leute zu schlecht? Stimmt die Chemie in der Crew nicht mehr? Verhalte ich mich arrogant? und so weiter ...

Würde er bis zum nächsten Jahresabschluss warten, könnte er die Folgen seiner demotivierten Crew wahrscheinlich schwarz auf weiß in seinem Logbuch nachlesen: sinkende Produktivität, mangelnde Leistungsbereitschaft, schlechter Kundenservice, ..., sinkende Umsätze, sinkende Gewinne. Für sinnvolle Gegenmaßnahmen wäre es dann aber wahrscheinlich schon ein bisschen spät.

Aus der Perspektive des Risikomanagements ist das Konzept der Balanced Scorecard schon deshalb zu begrüßen, weil es eine ganzheitliche und quasi interdisziplinäre Betrachtung des komplexen Systems »Unternehmen« erleichtert. Da das Risikomanagement als geradezu idealtypische Querschnittsfunktion im Unternehmen auf vielfältigste Weise mit anderen betrieblichen Funktionen (Beschaffung, Produktion, Absatz, Forschung & Entwicklung, Marketing, Personal etc.) verknüpft ist, wurden in jüngster Vergangenheit außerdem immer wieder Ansätze vorgestellt, um Risikoaspekte in stärkerem Maße in die Balanced Scorecard zu integrieren. Dies kann entweder durch die Ergänzung der bereits vorhandenen Perspektiven (Finanzen, Mitarbeiter, Kunden, Prozesse/Innovation etc.) um eine eigenständige *Risikoperspektive* geschehen oder aber durch die Integration von spezifischen Risikokennzahlen in die bereits bestehenden übrigen Perspektiven.

Im Endeffekt dient damit auch die frühzeitige Erkennung von Chancen und Risiken mithilfe einer solchen »risk enhanced« Balanced Scorecard einem ganz bestimmten Ziel – einem Ziel, das ausnahmslos jedes Unternehmen verfolgt (wenn auch mehr oder weniger konsequent): die Sicherung und Steigerung des Unternehmenswertes.

Aber was meinen wir eigentlich genau mit dem Ausdruck »Unternehmenswert«? Wie können wir ihn bestimmen und warum sollen wir ihn überhaupt steigern? Sicherlich nicht allein auf der Basis der Informationen, die wir in den Bilanzen nachlesen können, denn dadurch würden (wieder mal) viel zu viele Werttreiber einfach unter den Tisch fallen. Unser Unternehmensberater Roland B. Ärger, Leading Senior Principal Managing Partner der B. Osten Consulting Group, würde an dieser Stelle wahrscheinlich von »Intangible Assets« (oder kurz »Intangibles«) oder »Intellectual Capital« sprechen – also all jenen »weichen« Faktoren, von denen die wirtschaftliche Zukunft eines Unternehmens in entscheidendem Maße abhängt, die allerdings in keiner Bilanz auftauchen: Qualifikation der Mitarbeiter, Stärke und Bindungskraft der Marke, Qualität der Kundenbeziehungen, Effektivität und Effizienz der F&E-Abteilung et cetera.

Gleich nach seinem Hinweis auf die Intangibles unterbreitet der Consultant unseren Freunden wahrscheinlich den folgenden Vorschlag: »Eine wertorientierte Unternehmenssteuerung hat das Ziel, die Risiko-Ertrags-Relationen im Risiko-Chancen-Kalkül zu optimieren. Sie sollten daher unbedingt KPIs einführen.« Während Salt sofort an die gefürchteten Koreanischen Piraten-Inseln denkt, erklärt Ärger weiter: » ... also so genannte Key-Performance-Indicators. Ergänzt werden sollten sie durch Key-Risk-Indicators, verschiedene Value-at-Risk-Modelle, Realoptionenansätze, ein Modell zum Discounted Cashflow und eine Engine zur Berechnung des Cashflow-Return on Investment.« Die beiden verstehen zwar nur *Bahnhof*, was Roland B. Ärger aber nicht weiter irritieren dürfte – schließlich wird er ja dafür bezahlt, seine Kunden zu verwirren. Um die Konfusion perfekt zu machen, erzählt er anschließend noch etwas über den NOPAT (Net Operating Profit After Taxes), erläutert das WACC-Konzept (Weighted Average Costs of Capital) und fragt Sugar und Salt nach ihren BETA-Faktoren. Danach holt er noch einen Stapel bunter Folien aus seiner Aktentasche und rät unseren beiden Kapitänen: »Sie müssen unbedingt EVA einführen!« Salts Augen leuchten hierbei kurz auf, da er spontan an schöne Meerjungfrauen, weiße Strände und romantische Abende denkt (er hatte »EVA *ver*führen« statt »EVA *ein*führen« verstanden).

Wirft man einen Blick in die einschlägige Fachliteratur, findet man mehr oder weniger (aber meistens eher mehr als weniger) komplizierte Ansätze zur Berechnung und Analyse des Unternehmenswertes, die zudem noch mit mehr oder weniger (aber meistens eher weniger als mehr) verständlichen Abkürzungen garniert sind. Jeder Ansatz nimmt selbstredend für sich in Anspruch, die Weisheit mit Löffeln gefressen zu haben. Und jede Woche kommen neue Konzepte und Schlagworte – in aller Regel mit nur geringer Halbwertzeit – aus der Büchse der Pandora. Unsere armen Freunde Salt und Sugar (und vielleicht auch viele Manager) werden regelrecht überflutet mit modernsten und völlig innovativen Managementmethoden und kapieren irgendwann gar nichts mehr. Letztlich laufen jedoch all diese Definitionen und Berechnungsmethoden auf eine relativ simple Erkenntnis hinaus, die – stark vereinfacht formuliert – in etwa folgendermaßen lautet:

Unternehmenswert = heutiger Wert aller künftigen Zahlungsüberschüsse

Auf den ersten Blick mag auch diese Definition noch nicht intuitiv verständlich sein, sodass es sich durchaus lohnt, einen näheren Blick auf die oben definierte Variable »heutiger Wert aller künftigen Zahlungsüberschüsse« zu werfen.

Der klassische Lebenszyklus einer idealtypischen Investition (auch einer Investition in ein Unternehmen) sieht in etwa folgendermaßen aus: Am Anfang legt irgendjemand einen Haufen Geld auf den Tisch des Hauses. Dafür wird dann beispielsweise ein Schiff gekauft – also eine recht beträchtliche Auszahlung geleistet. Im laufenden Betrieb fallen dann einerseits noch weitere Auszahlungen an: Für den Einkauf der Waren, die Entlohnung der Mannschaft, den Treibstoff, Zölle, Hafengebühren, die Zutaten für Smørebrøts »Terrine de lapin aux noisettes« et cetera. Andererseits werden die transportierten Waren aber wieder an Kunden verkauft (hoffentlich zumindest), sodass auch entsprechende Einzahlungen in den Betrieb zurückfließen. Irgendwann setzen sich unsere Freunde Sugar und Salt dann zur Ruhe und verkaufen ihr Schiff wieder (sofern sie es nicht vorher gegen ein Riff gefahren haben). Am Schluss kommt unter Umständen also nochmal richtig Geld ins Haus.

Die spannende Frage lautet also jetzt: Ist dadurch nun »Wert« geschaffen worden oder nicht? Die einfache Antwort auf diese Frage lautet: Falls die Summe aller Einzahlungen (d. h. im Wesentlichen die Verkaufserlöse der Produkte sowie der Liquidationserlös am Schluss) höher ist als die Summe der Auszahlungen (d. h. im Wesentlichen die Anfangsinvestition sowie die laufenden Auszahlungen für den Wareneinkauf, Löhne und Gehälter etc.), können wir einen Wertzuwachs verbuchen. Falls nicht, dann eben nicht.

Bei dieser Betrachtung haben wir allerdings die zeitliche Dimension des Ganzen noch nicht berücksichtigt. Oben hatten wir den Unternehmenswert ja definiert als »*heutiger* Wert aller künftigen Zahlungsüberschüsse«. Um den Unternehmenswert bestimmen zu können, müssen die Ein- und Auszahlungen also noch auf den heutigen Tag abgezinst werden.

Die Frage ist nur: Womit? Die absolute Untergrenze für die Abzinsung stellen natürlich die Kapitalkosten dar. Diese fallen entweder als »richtige« Kosten an, etwa in Form von Zinsen für den Kredit, der aufgenommen wurde, um das neue Schiff zu kaufen. Oder aber in Form von Opportunitätskosten, da das investierte Geld nun leider nicht mehr anderweitig (etwa in einer Anleihe der Hafenbehörde) anlegt werden kann, also auf einen entsprechenden Ertrag an anderer Stelle verzichtet werden muss. Ein Unternehmen schafft somit nur dann einen (Mehr-)Wert, wenn die Einzahlungsüberschüsse ausreichen, um zumindest die Kapitalkosten zu decken. Und diese Überlegung bringt uns wieder zurück zum eigentlichen Thema: RISIKO.

Stellen Sie sich einmal die folgende Situation vor: Sie haben die Wahl, Ihr Geld entweder in Sugars Pontos oder in Salts alten Kahn zu investieren. Wie würden Sie entscheiden?

Nach allem, was Sie gelesen haben, schätzen Sie Sugar bestimmt als zuverlässigen Seemann ein, der seine Fracht stets sicher von A nach B befördert. Das ist vielleicht etwas langweilig, aber man kann sich ziemlich sicher sein, dass er zum vereinbarten Zeitpunkt wohlbehalten am vereinbarten Ort ist und die Ware dort zuverlässig abliefert.

Wie auf den letzten Seiten ebenfalls klar geworden sein dürfte, ist »Verlässlichkeit« nicht unbedingt Salts zweiter Vorname: Vielleicht werden seine kleinen Freunde, die Schiffsbohrwürmer TeredoNavalis, wieder aktiv, vielleicht macht Salt aber auch nochmals unangenehme Bekanntschaft mit einem Riff oder den Piraten. Ob er den nächsten Hafen überhaupt erreicht, ist alles andere als gewiss. Und wenn doch, besteht immer noch die Gefahr, dass er die falsche Ware zur falschen Zeit zum falschen Ort transportiert hat.

Wem Sie nun finanziell unter die Arme greifen, hängt natürlich stark von Ihrer individuellen Risikoneigung ab: Wenn Sie sich langweilen wollen und einen sicheren Ertrag bevorzugen, werden Sie wahrscheinlich eher in Sugar investieren. Suchen Sie dagegen den ultimativen Kick, werden Sie Ihr Erspartes lieber Salt anvertrauen. Was allerdings ebenso klar sein dürfte: Wenn Sie Ihr Geld tatsächlich Salt überlassen, dann müsste der Ihnen bestimmt wesentlich mehr bieten als Sugar.

Genau so denken übrigens nicht nur Sie, sondern alle Investoren: Höhere Risiken werden logischerweise nur eingegangen, wenn im Gegenzug auch höhere Erträge winken.

Für Unternehmen mit hohen Risiken bedeutet das unmittelbar: Ihre Kapitalkosten sind höher, und es ist entsprechend schwieriger für sie, den Unternehmenswert zu steigern und Investoren zu finden, von denen sie den heiß begehrten Schmierstoff Kapital bekommen können.

Zur Steigerung des Unternehmenswertes stehen nun prinzipiell zwei Hebel zur Verfügung: Zum einen können die zukünftigen Cashflows gesteigert werden. Dies lässt sich (versehen mit einem großen »ceteris-paribus-Schildchen«) durch Ertragszuwächse und/oder Kostensenkungen erreichen. Die zweite Möglichkeit ist eine Reduzierung der Risiken beziehungsweise der Ertragsschwankungen (Volatilität), die als Maß für das Risiko gelten. Wenn Salt einen Blick in die Zukunft werfen könnte, würde er wahrscheinlich sehen, dass seine Einnahmen sehr stark schwanken, weil er hohe Risiken eingeht und seine Risiken nicht vorausschauend steuert: Mal schafft er es in den Hafen und bekommt viel Geld, mal schafft er es nicht und bekommt gar nichts. Sugar hingegen hat seine Risiken im Griff und kann daher mit relativ stabilen Cashflows rechnen, die sein Dukaten-Sparschwein gleichmäßig füllen. Auf diese Weise trägt sein effektives und effizientes Risikomanagement unmittelbar dazu bei, den Wert des Unternehmens Pontos zu steigern.

Allerdings kann dieser Mechanismus nur dann funktionieren, wenn Sugar seine potenziellen Geldgeber davon überzeugen kann, dass sein Schiff auch in Zukunft solide und verlässlich durch die stürmische See pflügen wird. Wie wir ihn kennen gelernt haben, dürfte das in seinem speziellen Fall kein allzu großes Problem darstellen. Aber wer würde schon sein sauer verdientes Bares jemandem in die Hand drücken, von dem er überhaupt nicht weiß, was dieser damit anfängt? Wir erinnern uns noch an Luigi Brillantini aus dem vorletzten Kapitel: Offensichtlich laufen seine Geschäfte so gut, dass er momentan nicht auf finanzielle Hilfe anderer angewiesen ist, aber wer weiß ... vielleicht macht ja auch er mal einen kleinen Fehler und muss innerhalb von 24 Stunden einen großen Batzen bei seinem Patrone abliefern. Da niemand so recht weiß, womit er sein Geld verdient, kann auch niemand einschätzen, ob seine Geschäfte nun riskant sind oder nicht. Im Zweifel werden wir wohl davon ausgehen, dass sie ziemlich riskant sind, und Luigi deshalb ebenfalls mit hohen Kapitalkosten bestrafen.

In diesem Zusammenhang zeigt sich neben der Risikosteuerung noch ein weiterer wichtiger Beitrag, den ein ganzheitliches Risikomanagement zur Steigerung des Unternehmenswertes leistet: Transparenz. Wenn Sugar in Gertis Spelunke einem Pokerspieler gegenübersitzt, der (auch ohne ein Tête-à-tête mit Medusa gehabt zu haben) mit versteinerter Mine dasitzt und sich nicht in die Karten schauen lässt, dürfte er wohl eher zurückhaltend agieren und keine allzu hohen Einsätze wagen. Und wenn ein Investor keine Ahnung hat, ob er nun auf ein Rennpferd setzt oder auf einen Ackergaul, wird er logischerweise auch ziemlich vorsichtig sein.

Vor diesem Hintergrund sind die aktuellen regulatorischen Veränderungen (wie beispielsweise das Transparenz- und Publizitätsgesetz oder der deutsche Corporate-Governance-Kodex) dann auch nicht als gesetzgeberische Keule zu verstehen, mit denen (böse, böse!) in die unternehmerische Selbstbestimmung eingegriffen werden soll. Vielmehr müssten die Verbesserung der Transparenz und die klare und offene Information über mögliche Risiken eigentlich im ureigensten Interesse jedes Unternehmens liegen.

Derartige Vorschriften können die Kristallkugel zwar nicht ersetzen. Aber immerhin tragen solche Regelungen dazu bei, sie ein klein wenig durchsichtiger zu machen.

»Leute, die sich die Finger verbrennen, verstehen nichts vom Spiel mit dem Feuer.«

Oscar Wilde

Epilog

Sugar hatte mit dem Verkauf der Kompaqt-Computer tatsächlich das Geschäft seines Lebens gemacht. Wie es seine Art war, wollte er nun auch alle seine Freunde an diesem großartigen Erfolg teilhaben lassen und hatte sie zu Fisch und Freibier in Gertis Spelunke eingeladen.

Wir haben ja schon so einiges erlebt, aber eine Party wie diese suchte nun wirklich ihresgleichen. Im Gegensatz zu vielen anderen Gästen, die sich am viel zitierten »Morgen danach« bestimmt nicht mehr an alle Details des Abends erinnern können, werden wir dieses Fest ganz bestimmt niemals vergessen. Das Freibier floss in Strömen. Die langbeinige Claudia am Schifferklavier haute beschwingt in die Tasten. Dutzende von Seebären wurden zu ausgelassenen Tanzbären und benutzten die Kneipentische als Podium für Polka und Polonäse.

Was unsere Stimmung an dem Abend zunächst etwas trübte, war natürlich die Abwesenheit von Salt. Keiner wusste, wo er geblieben war. Dummerweise hatten wir seine Spur kurz nach dem Auslaufen verloren. Da er nur wenige Stunden nach Sugar in See gestochen war, hätte er eigentlich schon längst wieder hier sein müssen. Langsam machten wir uns ernsthafte Sorgen um ihn.

Aber Sugar und die anderen Kapitäne konnten uns beruhigen. Schließlich war Salt ein äußerst erfahrener alter Seebär, den so leicht nichts vom Kurs abbringen konnte. Wahrscheinlich war er nur in eine Flaute geraten oder hatte sich spontan entschlossen, zuerst einen anderen Hafen anzulaufen, um den Inhalt seiner geheimnisvollen Kisten mit noch größerem Gewinn loszuschlagen. »Ich habe einmal über 'ne Woche auf Salt gewartet«, berichtete uns Käpt'n Iglo. »Sein Steuermann hatte Osten und Westen verwechselt und war drei Tage lang in die falsche Richtung gesegelt, während Salt in seiner Koje lag und schlief.« Nach allem, was wir in den letzten Wochen auf Salts Schiff erlebt hatten, erschien uns diese Erklärung durchaus plausibel. Offensichtlich war eine zweitägige Verspätung doch kein Anlass zu übermäßiger Sorge, und so stürzten wir uns wieder frohen Mutes in das bunte Treiben.

Als wir uns einige Zeit später ein kleines Päuschen gönnten und unsere Blicke durch Gertis Spelunke schweifen ließen, kam ein älterer Herr mit einem Boxbeutel in der Hand an unseren Tisch. Er fragte uns, wie denn unser Buchprojekt vorankäme und ob wir vielleicht doch noch Interesse an einer Zusammenarbeit mit ihm hätten. »Tut uns Leid, Leo«, mussten wir ihm antworten. »Aber zum einen hat sich unser Konzept etwas geändert: Anstatt nur die fatalen Folgen eines unzureichenden Risikomanagements zu beschreiben, werden wir jetzt auch zahllose Positivbeispiele aufnehmen. Und zum anderen haben wir mit Sugar und Salt zwei Hauptdarsteller gefunden, die wir für nichts in der Welt wiederhergeben würden.«

Leo Kirch stutze. »Nun gut«, meinte er sichtlich ernüchtert, »dann eben nicht ...« Kurz darauf blitzte in seinen Augen aber schon wieder ein verschmitztes Lächeln auf. »Aber wegen der Filmrechte sollten wir uns wirklich nochmal unterhalten«, schlug er vor.

»Und falls ihr beiden eine günstige Finanzierung für euer Buchprojekt brauchen solltet – ich kenne da jemanden bei meiner Hausbank, der euch bestimmt weiterhelfen kann: super Konditionen bei null Sicherheiten!«

Noch ehe wir über Leo Kirchs Angebote nachdenken konnten, drängte sich von hinten eine weitere Gestalt an unseren Tisch: Obwohl das Gesicht des schmächtigen Mannes unter der überdimensionierten Krempe seines Cowboyhutes kaum zu erkennen war, entlarvte ihn sein breiter texanischer Akzent zweifelsfrei als »Kenny-Boy« Lay. »Howdy«, begrüßte er uns. »Sorry, I'm late. Aber ish habe euer letzte Naggriggt leider niggt bekommen – Mein secretary hat es versehentliggt in die Shredder gesteckt.« Nach Leo Kirch mussten wir auch Kenneth Lay nochmals mitteilen, dass die Hauptrollen unseres Buches inzwischen leider schon vergeben wären. Obwohl er im ersten Moment etwas enttäuscht war, reagierte er schließlich verständnisvoll und bot uns ebenfalls seine Unterstützung an: »Well, vielleiggt kann ish eusch helfen – ihr wisst, ish habe einflussreicke Froinde in Washington ...«

Um die beiden nach ihren großzügigen Angeboten nicht mit ganz leeren Händen abziehen lassen zu müssen, gaben wir ihnen den Tipp, sich an den gleichen Tisch zu setzen, an dem vor kurzem Sir Ernest Henry Shackleton Platz genommen hatte und ihm ganz genau zuzuhören.

Als wir Leo und Ken den Weg nach hinten zeigten, bemerkten wir, dass es am Mythologen-Tisch besonders hoch herging: Vor allem Pythia schien sich prächtig zu amüsieren. Ihr wie immer zweideutiges und wirres Gebrabbel fiel zwischen den bier- und rumgeschwängerten Gesprächen der anderen Gäste kaum auf. Damokles hatte sich sicherheitshalber unter den Tisch gesetzt und passte auf, dass auch ja keiner der Gäste Pandoras Büchse öffnete. Durch die Ritzen der dicken Tischplatte aus Eichenholz schielte er immer wieder nach oben, um den massiv gearbeiteten Kronleuchter im Auge zu behalten, der durch das wilde Gestampfe der Tanzenden schon in gefährliche Schwingungen geraten war. Auch dem Zyklopen schien es außerordentlich gut zu gefallen. Und das, obwohl er gerade seinen vierten Humpen Bier verschüttet hatte – eine rein eindimensionale Wahrnehmung erweist sich also auch beim Feiern als extrem nachteilig. Medusa war ihm beim Aufwischen leider keine große Hilfe, da ihr die anderen – wie immer, wenn sie gemeinsam unter Leute gingen – eine dicke, dunkle Sonnenbrille aufgesetzt hatten. Nur Kassandra erwies sich wieder mal als Spielverderberin und wiederholte gebetsmühlenartig, dass das alles hier bestimmt noch ganz schrecklich enden werde und morgen mit Sicherheit alle einen fürchterlichen Kater hätten.

Etwas weiter hinten lehnte der Marlboro-Mann lässig an der Bar und trank eine Coca-Cola – er war etwas verspätet erschienen, weil er noch einen kleinen Umweg über Troja machen musste, um die griechische Elitetruppe abzusetzen, die sich im Bauch seines Pferdes versteckt hatte. Angeregt unterhielt er sich mit Daniel Kahneman und erklärte sich spontan bereit, 200 Menschen zu retten, die von einer fürchterlichen Seuche bedroht sind. Damit verhagelte er allerdings dem neben ihm sitzenden E. J. Smith die Stimmung, der beim Stichwort »Menschen retten« wieder auf schmerzhafte Weise an die tragische Nacht des 14. April 1912 erinnert wurde. Seitdem nahm er seine Drinks ohne Eiswürfel. Etwas später gesellte sich auch noch Stanley Mark Rifkin zu den dreien – er war zwar nicht eingeladen, hatte es aber geschafft, sich in die Kneipe reinzuhacken, und ließ nun seine einzigartige Begabung als Social Engineer spielen, um der Wirtin ein Freibier nach dem anderen abzuschwatzen.

Alles in allem hatte sich an jenem Abend also ein recht illusteres Häuflein von Gästen in Gertis Spelunke versammelt. Gern hätten wir die Gesellschaft noch etwas intensiver genossen, aber leider rief uns die Pflicht. Also zogen wir uns in ein etwas ruhigeres Eckchen der Kneipe zurück, ließen die Ereignisse der vergangenen Wochen nochmals vor unserem geistigen Auge vorbeiziehen und begannen mit der Arbeit an unserem Manuskript.

Und es wurde auch höchste Zeit ... schließlich hatten wir in den letzten Wochen ja einiges erlebt und viel dazugelernt. Zum Beispiel:

- dass wir Chancen und Risiken nicht im Rückspiegel erkennen können, sondern unseren Blick nach vorn richten müssen;
- dass wir nicht immer das Gleiche meinen, wenn wir über das Thema Risiko reden, sondern dass Risiko ein Konstrukt ist, das jeder auf seine ganz individuelle Art und Weise wahrnimmt und interpretiert;
- dass die Kommunikation innerhalb und außerhalb des Unternehmens sowie der interdisziplinäre Informationsaustausch eine zentrale Rolle bei der frühzeitigen Erkennung und Bewältigung von Risiken spielen;
- dass die hierdurch gewonnenen Erkenntnisse jedoch nur weiterhelfen, wenn sie auch bei der Gestaltung und Optimierung der Unternehmensprozesse berücksichtigt werden;
- dass Effizienz und Effektivität des Risikomanagements in ganz entscheidendem Maße von der jeweiligen Risikokultur eines Unternehmens bestimmt werden;
- dass diese Risikokultur nicht »par ordre du mufti« entsteht, sondern nur durch eine offene und teamorientierte Führungsphilosophie entwickelt werden kann, die alle Mitarbeiter miteinbezieht;
- dass uns eine breite Palette an Möglichkeiten und Maßnahmen zur Verfügung steht, um unsere Risiken in den Griff zu bekommen;
- dass die Auswahl der jeweils optimalen Alternative zur Risikobehandlung alles andere als trivial ist und sich vor allem an Wirtschaftlichkeitsgesichtspunkten orientieren muss;
- dass wir aufgrund der weithin üblichen Klassifizierung von Risiken viele Informationen gar nicht erkennen können, die für eine fundierte Risikoanalyse eigentlich erforderlich wären;
- dass das Vertrauen der Kunden das wichtigste Kapital eines Unternehmens darstellt und die eigene Marke deshalb unbedingt vor Risiken geschützt werden muss;
- dass im IT-Bereich eine Vielzahl von Risiken lauert, die oftmals unterschätzt werden;

- dass es häufig vom richtigen Timing abhängt, ob Chancen genutzt beziehungsweise Risiken vermieden werden können;
- dass Risikomanagement einen wichtigen Werttreiber für jedes Unternehmen darstellt;
- dass es eindeutige empirische Beweise für die These gibt, dass ein ganzheitliches und proaktives Risikomanagement entscheidend zur Sicherung und Steigerung des Unternehmenswerts beiträgt (siehe Sugar);
- dass es ebenso eindeutige Beweise für die These gibt, dass Unternehmen mit einem unprofessionellen und rückwärtsgewandten Risikomanagement früher oder später Schiffbruch erleiden (siehe Salt).

Gerade als wir unsere Blöcke ausgepackt hatten, um diese Erkenntnisse sowie unsere Erlebnisse während der Fahrten mit Sugar und Salt aufzuschreiben, zerriss ein lauter Knall die Stille der Nacht und brachte auch das Singen und Tanzen in Gertis Spelunke schlagartig zum Erliegen. Die Lichter flackerten kurz und verloschen dann ganz. Beunruhigt blickten die Gäste (allen voran Damokles, der immer noch unter dem Tisch saß) an die Decke. Was war passiert? Ein kurzer Blick nach draußen bestätigte die Vermutung, dass es sich keineswegs um ein lokales Problem in der Kneipe handelte. Vielmehr war das gesamte Dorf in eine beklemmende Dunkelheit gehüllt, die nur sporadisch durch die immer noch am Himmel zuckenden Blitze erhellt wurde.

»Kein Problem!«, rief die blonde Wirtin hinter dem Tresen. »Wahrscheinlich nur ein kleiner Stromausfall wegen des Gewitters.« Flugs eilte sie nach hinten und holte ein paar Kerzen, um den für sie höchst umsatzträchtigen Abend noch so weit wie möglich zu verlängern – auch Gerti hatte ihre Lektion zum Thema Risikomanagement offensichtlich gelernt.

Nachdem die Kerzen den verrauchten Raum in ein warmes Licht tauchten und sich die Gäste von ihrem ersten Schrecken erholt hatten, stellte sich auch die gewohnt fröhlich-gelassene Stimmung bald wieder ein. Einige diskutierten zwar, was nun genau passiert sein könnte. Da es aber äußerst wichtige und unaufschiebbare Dinge zu erledigen gab (wie z. B. die Bestellung des nächsten Humpens Bier), wollte sich kaum einer mit langen Mutmaßungen aufhalten.

Gerade als die ersten Seebären wieder zum Tanzen auf die Tische stiegen, flog jedoch plötzlich die Tür auf und Rudi Reeder stürmte in die Kneipe. Schon auf den ersten Blick war unschwer zu erkennen, dass er schon glücklichere Tage erlebt hatte. Seine Hände, sein Gesicht und sein Hemd waren schwarz und verrußt. Wo früher von seinem Haupt kräftiges, schulterlanges graues Haar wallte (das ihm schon in früher Jugend den Spitznamen »Tante Käthe« eingebracht hatte), stiegen nur noch zwei kleine Rauchwölkchen auf. Der charakteristische Gestank von verbrannten Haaren war kaum auszuhalten.

»SUGAR!«, rief Rudi sichtlich zornig, »CHARLY SUGAR! KOMM SOFORT HIERHER!«

»Oh mein Gott!«, rief Sugar und wurde blass. »Was ist denn mit dir passiert? Bist du okay?«

»Was passiert ist, fragst du? Schau mich doch mal an! Dein supertoller Kompaqt-Rechner ist mir gerade um die Ohren geflogen!«

Henry starrte immer noch fassungslos auf den kleinen stinkenden schwarzen Mann vor ihm. »Aber warum? Wie kann ...«

»Mann, sag bloß, ihr habt davon nix mitgekriegt? Oben im Elektrizitätswerk hat der Blitz eingeschlagen. Im ganzen Dorf gibt es keinen Strom mehr. Aber was am allerschlimmsten ist: Durch die Überspannung ist dieses Hightechgerät explodiert, das Du mir vorgestern verkauft hast«, schnauzte Rudi Reeder ihn an. »Ich verklage dich! Oder den Hersteller! Oder am besten gleich euch beide! Schmerzensgeld für den Schrecken! Schadensersatz für meine Designerfrisur und die Betriebsunterbrechung! Und außerdem will ich mein Geld zurück! Jetzt! Sofort!«

Als guter Risikomanager bemühte sich Sugar natürlich zuerst um eine möglichst schnelle De-Eskalation der Lage. Außerdem wollte er das Vertrauensverhältnis zu einem seiner wichtigsten

Kunden natürlich keinesfalls nachhaltig stören und entschloss sich spontan zu einer kulanten Regelung. »Okay, okay, okay«, versuchte er Rudi zu beruhigen. »Natürlich bekommst du dein Geld sofort zurück. Komm mit an die Bar, wir trinken einen Rum zusammen und besprechen das Ganze!«

Das professionelle Reklamationsmanagement von Sugar stieß auf offensichtliches Wohlwollen bei Rudi Reeder. Doch auf halbem Weg zur Bar blieb er plötzlich stehen. »Oh nein! Scheibenkleister! Ich hab doch gar keine Zeit! Ich muss heute Abend noch den Monatsabschluss fertig machen! Und die neuen Lieferlisten erfassen! Und die Personalabrechnung durchkriegen! Und, und, und! Oh Mannomannomann! Wie soll ich das ohne Computer bloß schaffen?«

Sugar blieb leider keine Zeit mehr, um ihn zu trösten. Als er sich umdrehte, blickte er einer ganzen Meute von mehr oder weniger verkohlten Leuten entgegen, die Gertis Spelunke während der letzten Minuten gestürmt hatten. Und es wurden immer mehr. Gott sei Dank war durch die Explosion der Computer niemand ernsthaft verletzt worden. Aber natürlich waren alle extrem wütend. Wie gern hätte Sugar jetzt über Medusas Talent verfügt und die aufgebrachte Menge einfach zu Stein erstarren lassen. Aber es half alles nichts! Irgendwie musste er mit dieser Situation fertig werden!

Genau diesem Moment schwang die große Eichentür der Kneipe auf und herein kam: SALT!

»Salt! Henry Salt! Du bist wieder da!«, rief Sugar hocherfreut und vergaß für einen winzigen Moment den rußgeschwärzten Mob, der ihm offenbar ans Leder wollte. Obwohl es ja mehr als genügend Erklärungen für die verspätete Ankunft seines alten Kumpels gegeben hatte, war Sugar trotzdem überglücklich, ihn gesund und munter wiederzusehen.

Doch Salt hatte weder die Lust noch die Zeit für herzzerreißende Wiedersehensszenen. Nicht hier! Nicht jetzt! Als er vor der Kneipe gestanden und überlegt hatte, ob er nun wirklich reingehen sollte, hatte er die ganze Szenerie aus nächster Nähe beobachten können. Und eines wusste er ganz genau: Dies war seine große Chance!

»Hallo, hallo, hallo«, rief er laut »Meine sehr geehrten Damen und Herren ... enttäuscht von den Versprechungen des Hightechzeitalters? Vom Verkäufer verkohlt worden? Verzweifelt, weil zu Hause dringendste Arbeiten liegen bleiben müssen? ... ICH HABE DIE LÖSUNG!«

Sugars verärgerte Kunden vergaßen für einen kurzen Augenblick ihren Zorn und wandten sich gespannt Salt zu. Der zog einen seiner Rechenschieber hervor und präsentierte ihn der staunenden Menge.

»Der neue RS/400 von MBI – die Krone der Low Technology, ein Gerät, das Ihr Leben und Arbeiten radikal verändern wird: Vier voneinander unabhängige Schiebestäbe, die sogar parallel arbeiten können, eine Auflösung von 4 x 3 Schiebekugeln in sechzehn unterschiedlichen Farben, Einhandbedienung, atemberaubendes Design, ein Schreibblock für die Speicherung der Ergebnisse ... und das Allerbeste: SICHER, ZUVERLÄSSIG, KEIN STROM UND KEIN KABEL!«

Vor allem das letzte Argument löste bei Rudi Reeder spontane Begeisterung aus. »Wird zwar nicht so schnell gehen wie mit dem Kompaqt, aber bevor ich die nächsten Tage rumsitze und gar nicht arbeiten kann ... und um meine Frisur brauche ich auch keine Angst mehr haben!«, meinte er, verabschiedete sich mit einem »Wir sprechen uns noch« von Sugar und ging schnell auf Salt zu.

»Wie viel?«, fragte er ihn.

»Nun, gut«, antwortete Salt, »Normalerweise würde ich die edlen Teile ja keinesfalls unter 1700 Dukaten verkaufen, aber weil du's bist, könnte ich dir einen für 1 680 überlassen.«

»Halsabschneider!«, zischte ihm Rudi zu. »Nein – Verfechter der freien Marktwirtschaft«, entgegnete ihm Salt mit einem süffisanten Lächeln. Rudi schnappte sich einen Rechenschieber und sagte zu Salt: »Das Geld kannst du dir von deinem Freund Sugar holen!«

Nachdem der erste »early innovator« zugeschlagen hatte, gab es auch für die anderen kein Halten mehr. Sugar und Salt stellen sich nebeneinander auf. Ein rußgeschwärztes Gesicht nach dem anderen ging zuerst an Sugar vorbei, um seine Rückzahlung abzuholen, und dann an Salt, um den neuen RS/400 zu erstehen ... wobei sich die Laune der beiden Seebären ziemlich proportional zum Füllstand ihrer Geldsäcke entwickelte.

Bereits nach einer knappen halben Stunde war Salt schließlich ausverkauft. Er klopfte seinem Kumpel auf die Schulter und meinte: »Glaub mir, mein alter Freund: Wenn du wüsstest, was ich in den letzten zwei Tagen durchgemacht habe, würdest du mir das hier von ganzem Herzen gönnen!«

Sugar blickte ihn traurig an und meinte: »Ich gönn es dir ja auch von ganzem Herzen! Wirklich! So ist's halt im Leben: Mal verliert man, mal gewinnen die anderen! ... Komm, lass uns einen trinken gehen!«

Die beiden Kapitäne trabten zurück an die Bar. Salt wuchtete seinen schweren Geldsack auf den Tresen. »Ich würde sagen, die Drinks gehen ab jetzt auf mich!«, rief er und setzte sein breitestes Grinsen auf.

Und die Moral von der Geschicht':

Ein ganzheitliches Chancen- und Risikomanagementsystem, eine abgestimmte Risikowahrnehmung, eine perfekte Risikokommunikation und effiziente Prozesse, eine offene Risikokultur, adäquate Methoden zur Risk Mitigation, ein umfassender Schutz vor Marken- und Reputationsrisiken, eine wirksame Abwehr von Hackern und Produktpiraten und eine sorgfältige Analyse von Marktrisiken ... Wenn es gilt, den Unternehmenswert zu sichern und zu steigern, sind all diese Dinge extrem wichtig ...

... fast so wichtig wie ein kleines Quäntchen Glück! ;-)))

Literatur

Kapitel 1
Wer wagt, gewinnt!

Adams, J.: *Risk*, UCL Press 1995.
Bayerische Rückversicherung (Hrsg.): *Risiko ist ein Konstrukt – Wahrnehmungen zur Risikowahrnehmung*, Knesebeck 1993.
Beck, U.: *Risikogesellschaft – Auf dem Weg in eine andere Moderne*, Suhrkamp 2001.
Bernstein, Peter L.: *Wider die Götter – Die Geschichte von Risiko und Riskmanagement von der Antike bis heute*, Gerling-Akademie-Verlag 1998.
Didier, D.-C.: *Spiele des Zufalls – Instrumente zum Umgang mit Risiken*, Gerling-Akademie-Verlag 1997.
Japp, K.-P.: *Risiko*, Transcript 2000.
Kleinwellfonder, B.: *Der Risikodiskurs – Zur gesellschaftlichen Inszenierung von Risiko*, Westdeutscher Verlag 1996.
Krämer, W.; Mackenthun, G.: *Die Panik-Macher*, Piper 2003.
Luhmann, H.-J.: *Die Blindheit der Gesellschaft – Filter der Risikowahrnehmung*, Gerling-Akademie-Verlag 2001.
Luhmann, N.: *Soziologie des Risikos*, deGruyter-Verlag 1991.
Nehberg, R.: *Leben mit Risiko*, Schwarzkopf & Schwarzkopf 1998.
Nerlich, M.: *Abenteuer oder das verlorene Selbstverständnis der Moderne – Von der Unaufhebbarkeit experimentellen Handels*, Gerling-Akademie-Verlag 1997.
Renn, O.: *Risikowahrnehmung der Kernenergie*, Campus 1984.

Kapitel 2
Hart Backbord!

Capparell, St.; Morrell, M.: *Shackletons Führungskunst*, Rowohlt 2003.
Erdmann, W.: *Allein gegen den Wind – Nonstop in 343 Tagen um die Welt*, Delius Klasing 2002.
Lansing, A.: 635 *Tage im Eis – Die Shackleton-Expedition*, Goldmann 2000.
Müller-Vivil, A.: *Kommunikationsintendierte Risikopolitik von Unternehmen*, Deutscher Universitäts-Verlag 2000.
Perrow, Ch.: *Normale Katastrophen – Die unvermeidbaren Risiken der Großtechnik*, Campus 1989.
Sedlacek, N.: *Im Grenzbereich des Möglichen – Als Einhand-Segler um die Welt*, Ullstein 2001.
Shackleton, E.: *Mit der Endurance ins ewige Eis – Die Antarktisexpedition* 1914–1917, Ullstein 2000.
Töpfer, A.: *Plötzliche Unternehmenskrisen – Gefahr oder Chance?*, Luchterhand 1999.

Kapitel 3
Danke für den Tipp!

Beck, U.: *Risikogesellschaft – Auf dem Weg in eine andere Moderne*, Suhrkamp 2001.
Eastlake, K.: *Die größten Katastrophen auf See*, Gondrom Verlag 1998.
Fox, L.: *Enron – The Rise and the Fall*, John Wiley & Sons 2003.
Kleinwellfonder, B.: *Der Risikodiskurs – Zur gesellschaftlichen Inszenierung von Risiko*, Westdeutscher Verlag 1996.
Romeike, F.; Finke, R. (Hrsg.): *Erfolgsfaktor Risiko-Management – Chance für Industrie und Handel, Methoden, Beispiele, Checklisten (inkl. CD-ROM)*, Gabler 2003.

Töpfer, A.: *Plötzliche Unternehmenskrisen – Gefahr oder Chance?*, Luchterhand 1999.

Kapitel 4
Weg damit!

Adams, J.: *Risk*, UCL Press 1995.

Beck, U.: *Die Risikogesellschaft – Auf dem Weg in eine andere Moderne*, Suhrkamp 2001.

Brühwiler, B.; Stahlmann, B. H.; Gottschling, H. D. (Hrsg.): *Innovative Risikofinanzierung. Neue Wege im Risk Management*, Gabler 1999.

Grant, M.; Hazel, J.: *Lexikon der antiken Mythen und Gestalten*, dtv, München 2001.

Klinke, A.; Renn, O.: *Prometheus Unbound – Challenges of Risk Evaluation, Risk Classification, and Risk Management. Arbeitsbericht Nr.* 153, Akademie für Technikfolgenabschätzung in Baden-Württemberg, Stuttgart 1999.

Romeike, F.; Finke, R. (Hrsg.): *Erfolgsfaktor Risiko-Management – Chance für Industrie und Handel, Methoden, Beispiele, Checklisten (inkl. CD-ROM)*, Gabler 2003.

Rose, H.-J.: *Griechische Mythologie – Ein Handbuch*, C.H. Beck 1988.

Tripp, E. (Hrsg.): *Reclams Lexikon der antiken Mythologie*, Reclam 2001.

WBGU, Wissenschaftlicher Beirat der Bundesregierung – Globale Umweltveränderungen: *Welt im Wandel – Der Umgang mit globalen Umweltrisiken*, Berlin 1999.

Kapitel 5
Trau, schau, wem!

Aaker, D. A.; Joachimsthaler, E.: *Brand Leadership – Die Strategie für Siegermarken*, Financial Times Prentice Hall 2001.

Czerniawski, R. D.; Maloney, M. W.: *Creating Brand Loyality – The Management of Power Positioning and really great Advertising*, Amacom 1999.

Freeman, A.; Golden B.: *Post-It, Pampers, Melitta & Co. – 50 Produkte, die die Welt eroberten*, Midas Management 1998.

Kapferer, J.-N.: *Die Marke, Kapital des Unternehmens*, verlag moderne industrie 1992.

Ries, A.: *Die Strategie der Stärke*, Econ 1996.

Romeike, F.; Finke, R. (Hrsg.): *Erfolgsfaktor Risiko-Management – Chance für Industrie und Handel, Methoden, Beispiele, Checklisten (inkl. CD-ROM)*, Gabler 2003.

Sawtschenko, P., Herden A.: *Rasierte Stachelbeeren – Branding, Erfolgreiche Positionierungs-Strategien für kleine und mittelständische Unternehmen*, Gabal Verlag 2000.

Trout, J.: *Große Marken in Gefahr*, verlag moderne industrie 2002.

Kapitel 6
In Deckung!

Harley, D.; Slade, R.; Gattiker, U.-E.: *Das Anti-Viren-Buch*, mitp 2002.

Mitnick, K.: *Die Kunst der Täuschung*, mitp 2003.

Rochford, O.-Chr.: *Hacken für Dummies*, mitp 2002.

Schneier, B.: *Secrets & Lies – IT-Sicherheit in einer vernetzten Welt*, dpunkt-Verlage/Wiley 2001.

Winterer, A.: *Viren, Würmer und Trojanische Pferde*, Data Becker 2002.

Ruef, M.; Rogge, M.; Velten, U.; Gieseke, W.: *Hacking intern – Angriffe, Strategien, Abwehr*, Data Becker 2002.

Kapitel 7
Wer zu spät kommt ...

Adams, J.: *Risk*, UCL Press 1995.

Beck, U.: *Risikogesellschaft – Auf dem Weg in eine andere Moderne*, Suhrkamp 2001.

Bernstein, Peter L.: *Wider die Götter – Die Geschichte von Risiko und Riskmanagement von der Antike bis heute*, Gerling-Akademie-Verlag 1998.

Borge, D.: *Wenn sich der Löwe mit dem Lamm zum Schlafen legt – Was Entscheider über Risikomanagement wissen müssen*, Wiley-VCH 2002.

Freeman, A.; Golden B.: *Post-It, Pampers, Melitta & Co. – 50 Produkte, die die Welt eroberten*, Midas Management 1998.

Probst, H.-J.: *Balanced Scorecard leicht gemacht – Warum sollten Sie mit weichen Faktoren hart rechnen?*, Ueberreuter Wirtschaft 2001.

Rappaport, A.: *Shareholder Value – Ein Handbuch für Manager und Investoren*, Schäffer-Poeschel, 1999.

Regan, G.: *Militärische Blindgänger und ihre größten Schlachten*, Komet-Verlag 1998.

Romeike, F.: *Balanced Scorecard in Versicherungen, Strategien erfolgreich in der Praxis umsetzen*, Gabler 2003.

Romeike, F.; Finke, R. (Hrsg.): *Erfolgsfaktor Risiko-Management – Chance für Industrie und Handel, Methoden, Beispiele, Checklisten (inkl. CD-ROM)*, Gabler 2003.

Schmeh, K.: *Die 55 größten Flops der Wirtschaftsgeschichte – Krimis, Krisen und Kuriositäten*, Redline Wirtschaft bei Ueberreuter 2002.

Trout, J.: *Große Marken in Gefahr*, verlag moderne industrie 2002.

Register

m

n

o

p

q

r